Karl Ibach

KEMNA

Wuppertaler
Konzentrationslager 1933-1934

Mit einem Vorwort
von Johannes Rau

Peter Hammer Verlag

Karl Ibach, geb. 3. April 1915 in Elberfeld. Nach dem Besuch der Volksschule und des Realgymnasiums (mittlere Reife) in Barmen 1931 Lehre als Buchhändler, die 1933 durch Inhaftierung im Konzentrationslager Kemna unterbrochen wurde. Nach seiner Entlassung Ende 1933 Fortsetzung der Lehre mit Abschluß (1934). Wegen illegaler politischer Tätigkeit gegen den Nationalsozialismus 1936 erneut verhaftet. Verurteilung durch das Oberlandesgericht Hamm wegen Vorbereitung zum Hochverrat zu 8 Jahren Zuchthaus. Haftzeit in den Zuchthäusern und Konzentrationslagern Münster, Esterwegen, Börgermoor und Waldheim (Sachsen). 1943 Überstellung in das Strafbataillon 999. 1944–1947 Kriegsgefangenschaft in der Sowjetunion. 1947 Mitglied und Mitarbeiter der Vereinigung der Verfolgten des Nazi-Regimes. 1948 Veröffentlichung des Kemna-Buches. 1950-1971 Landesgeschäftsführer des Bundes der Verfolgten des Nazi-Regimes (BVN), Landesverband Nordrhein-Westfalen. Seit 1955 verantwortlicher Redakteur der Zeitschrift „Freiheit und Recht". 1954–1969 Stellvertretender Vorsitzender des Zentralverbandes Demokratischer Widerstandskämpfer- und Verfolgtenorganisationen (ZDWV). Seit 1969 Bundesvorsitzender diese Verbandes. Von 1956-1961 Mitglied der SPD-Fraktion des Rates der Stadt Wuppertal. 1974 Mitarbeit an dem Buch „Aufmachen! Gestapo! - Über den Widerstand in Wuppertal 1933-1945" von Gerhart Werner.

Nachdruck der im August 1948 herausgegebenen Ausgabe

Umschlaggestaltung: Iris vom Hof
Druck: Stock & Körber, Aschaffenburg

CIP-Kurztitelaufnahme der Deutschen Bibliothek

Ibach, Karl:
Kemna: Wuppertaler Lager d. SA. 1933 / Karl Ibach.
Nachdr. d. 1948 hrsg. Ausg. – Wuppertal: Hammer, 1981.
ISBN 3-87294-173-9

Inhaltsverzeichnis

Vorwort zum Neudruck des Buches „Kemna"

Eine angenehm ausgebaute Straße folgt dem Lauf der Wupper zwischen dem alten bergischen Idyll Beyenburg und den östlichen Teilen der Stadt Wuppertal. Viele Spaziergänger genießen die Landschaft: Grüne Höhen an beiden Seiten des Tales, ein paar Sportplätze, kleine Siedlungen, das eine oder andere Restaurant. Die Szene ist friedlich – mitten darin die „Kemna", Ausgangspunkt schöner Wanderwege, die durch gut erhaltene Waldgebiete am südlichen Rand der langgestreckten Stadt führen.

Die Kemna, ein beschauliches Fleckchen, war wie man so leicht sagt „vorübergehend" eine Stätte des Grauens, eine frühe nationalsozialistische Folterkammer. Wer weiß das noch? Ich will nicht fragen: „Wer weiß das schon?" Ist es wirklich vorübergegangen? Hier hat es sechs Monate lang ein Konzentrationslager gegeben. Ach, es war eine Notlösung; die Lager in den Mooren des Emslandes waren im Sommer und Herbst des Jahres 1933 noch nicht fertig. Auch war das stillgelegte alte Fabrikgebäude an der Beyenburger Straße Nr. 146 noch nicht die große, perfektionierte Hölle der Gaskammern. Es diente zur „Schutzhaft" politischer Häftlinge. Das Wort „Schutzhaft" sollte man bedächtig aussprechen, es ist ein schönes Wort der deutschen Amtssprache. Gefährdete Personen bringt man zu ihrer eigenen, wohlgemerkt eigenen Sicherheit in einen haften bleibenden Schutz.

Nein, ein Vernichtungslager war das nicht, diese Kemna. Es wurde „nur" gequält, gefoltert, geprügelt, gehungert, Häftlinge wurden in die kalte Wupper gejagt, es wurde gedemütigt, mißhandelt. Manche der Häftlinge wurden durch solche Art von Schutz Krüppel ihr Leben lang. Einige überlebten nicht, andere setzten ihren illegalen Kampf fort.

Aber ich will hier aufhören, im Passiv zu sprechen. Es gab ja Menschen, Wuppertaler, sie nannten sich Nationalsozialisten, die quälten, folterten, demütigten. Viel später sagten sie, es sei ihr Befehl gewesen . . . Es war eine Meute von Barbaren. Sie waren erfinderisch im Menschenschinden; viele hatten Lust dazu, viele wollten persönlich Rache nehmen an politischen Gegnern aus der „Kampfzeit". Wer dieses Buch liest, hat es mit einer Chronik des Grauens zu tun. Andersdenkende Mitbürger, Sozialdemokraten, Kommunisten, Christen, Gewerkschafter erhielten ihre erste Strafe, ihre Belehrung auf nationalsozialistische Art. Wenn sie es durchhielten, sollten sie Furcht haben ihr Leben lang. Schweigende Opfer . . .

Einer von ihnen, Karl Ibach, hat diesen Erlebnisbericht geschrieben. 1933 war er achtzehn Jahre alt, der jüngste Kemna-Häftling, ein Funktionär der Arbeiterjugend. Was er erlitt, was er mit ansah, hat ihn nicht entmutigt. Nachdem er Ende 1933 auf Weisung des Polizeipräsidenten und ehemaligen SA-Oberführers Veller entlassen worden war, setzte er den illegalen Kampf gegen das Gewaltregime mit Gleichgesinnten fort.

Wohl gewarnt, war er auf diese Weise nicht zu „belehren". Karl Ibach wurde erneut verhaftet und 1936 wegen Vorbereitung zum Hochverrat vom Oberlandesgericht Hamm zu acht Jahren Zuchthaus verurteilt. Damit begann seine zweite Leidenszeit in den Zuchthäusern und Konzentrationslagern Münster, Esterwegen, Börgermoor und Waldheim/Sachsen.

1943, im Jahre der jedermann sichtbaren und doch von vielen nicht eingestandenen Kriegswende, wurde Ibach mit anderen Schicksalsgenossen zum berüchtigten Strafbataillon 999 abkommandiert und geriet 1944 in sowjetische Kriegsgefangenschaft. 1947 wurde er in eine Heimat entlassen, der er, unbeugsam, viele Jahre auf verlorenem Posten stehend, in langen Leidensjahren gedient hatte. Bis heute ist er aktiv geblieben in der Wahrung der Interessen der aus politischen, rassistischen und religiösen Gründen Verfolgten: Zunächst in der Vereinigung der Verfolgten des Nazi-Regimes, später im Bund der Verfolgten des Nazi-Regimes und seit 1969 als Vorsitzender des Zentralverbandes Demokratischer Widerstandskämpfer und Verfolgtenorganisationen auf Bundesebene.

Als er 1947 entlassen wurde, machte er sich daran, seine Erlebnisse im Konzentrationslager Kemna und in der Zeugenschaft des Kemna-Prozesses niederzuschreiben. Das Buch kam im August 1948 heraus; die Auflage von 10000 Exemplaren war in wenigen Wochen vergriffen.

Jetzt, dreiunddreißig Jahre später, erscheint der unveränderte Faksimile-Nachdruck im Peter Hammer Verlag. Führwahr, es wird ein finsteres Kapitel Deutscher und Wuppertaler Geschichte wieder lebendig. Ein ganz und gar unstilisiertes Dokument liegt uns vor. „Uns", das meint auch eine neue Generation, die das deutsche Schreckensregime allenfalls aus Filmen, Büchern und vielleicht zögernden, vielleicht ehrlichen, vielleicht aber auch beschönigenden, besänftigenden elterlichen Aussagen kennt: Viele aus dieser Generation werden eher von Auschwitz gehört haben als von einem Wuppertaler KZ, das ein halbes Jahr bestand. Der ach so gewissenhafte einstige Kommandant des Lagers Auschwitz, Rudolf Höss, 1947 vom Obersten Volksgerichtshof in Warschau zum Tode verurteilt und zwei Wochen später hingerichtet, hatte übrigens auf seiner Karte aller Konzentrationslager auch das Lager „Barmen" verzeichnet. Für die neue Generation sollte wie für die Leser der ersten Nachkriegszeit gelten, was Karl Ibach noch kürzlich im Buch zur Geschichte der Wuppertaler Sozialdemokratie als Fazit seines Leidensweges und als politisches Credo so formulierte: „Jederzeit für Demokratie und Rechtsstaatlichkeit eintreten, wachsam bleiben, den Anfängen des Extremismus – aus welcher Richtung er auch kommen mag – wehren".

Wir sollten aus diesem Buch und aus Erfahrungen in drei Jahrzehnten Nachkriegsgeschichte lernen, daß Unrecht und Gewalt in der Tat in ihrem Anfang bekämpft werden müssen. Und wir alle sollten unser Wort verpfänden, dies *jederzeit* zu tun. Aus unserer Scham angesichts der Barbarei, aus unserer Zuwendung zu ihren Opfern erwächst damit eine bitter notwendige demokratische Moral und Verpflichtung.

Im November 1980

Johannes Rau
Ministerpräsident des Landes
Nordrhein-Westfalen

Erläuterungen zur Neuausgabe

Dank der Bereitschaft des Peter Hammer Verlags und seines Verlagsleiters Hermann Schulz erscheint hiermit endlich die langerwartete Neuausgabe des Kemna-Buches. Die Erwartung hatte sich in der letzten Zeit derart verdichtet, daß eine Neuauflage unumgänglich wurde.

Das Buch war 1948 in einer Auflage von 10000 Exemplaren erschienen. Die gesamte Auflage war innerhalb von 6 Wochen vergriffen. Die letzten Exemplare wurden mir in der Folgezeit mit meistens freundlichem Nachdruck aus den Händen entwunden. So blieb mir nur ein einziges Archivexemplar.

Die nunmehrige Neuauflage ergab sich nicht nur aus der derzeitigen verdichteten Nachfrage (die übrigens in der mehr als 30jährigen Zwischenzeit niemals völlig verstummt war) sondern auch aus den allgemeinen Zeitumständen, die heute durch ein verstärktes Interesse nach Aufklärung über die Zeit der nationalsozialistischen Gewaltherrschaft gekennzeichnet sind.

Als ich 1948 nach 15jähriger Odyssee durch schlimme Zeiten und noch schlimmere Umstände endlich heimkehrte, habe ich das Buch über das Wuppertaler KZ-Lager Kemna gewissermaßen „mit heißer Feder" innerhalb von 4 Wochen niedergeschrieben. Es ist jedoch kein persönlicher Erlebnisbericht, obwohl ich als damals 18jähriger jüngster Häftling alles selbst miterlebt habe. Der Bericht versucht vielmehr durch Fakten, Zeugenaussagen und Verwendung von Gerichtsakten eine sachliche Dokumentation zu bieten.

Den akuten Anstoß für die Niederschrift gab der Prozeß gegen die ehemaligen Mitglieder der Kemna-Wachmannschaft (soweit man ihrer habhaft werden konnte – und das war doch noch eine ziemliche Anzahl) vor dem Wuppertaler Landgericht im Jahre 1948. Mit dem Abstand von Jahrzehnten würde ich heute einiges anders formulieren, doch habe ich mich überzeugen lassen, daß es sich bei der Erstausgabe von 1948 um ein seltenes Zeitdokument handelt, daß man jetzt so wirken lassen sollte, wie es damals entstanden ist.

Wuppertal, im November 1980 Karl Ibach

Geleitwort.

An das Wort „Kemna" knüpfen sich grauenvolle Erinnerungen. Wir haben es nicht für möglich gehalten, daß es bei dem Kulturstand der Deutschen zu solchen Ereignissen kommen konnte. Es ist deshalb ein guter Gedanke, in dieser kleinen Schrift die Tatsachen festzuhalten als abschreckendes Beispiel für die jetzige und die nachfolgende Generation; zu zeigen, wohin es führt, wenn Einzelpersonen unumschränkt wüten können. Die Konsequenz ist dann, durch eigenes verantwortliches Verhalten dafür Sorge zu tragen, daß nie wieder ein diktatorisches Regiment entsteht. Die Unverletzlichkeit der Person, Wahrung des Rechts und der Menschlichkeit muß über allem stehen.

Menschen, die diese Gedanken vertraten, sind hier geknechtet, geknebelt, mißhandelt und in den Dreck getreten worden. Ich habe in dieser Zeit einen edlen Menschen, meinen besten Freund, verloren. Fritz Senger war es; als Mensch und Kämpfer stets Vorbild, unermüdlich und immer opferbereit für die Allgemeinheit wirkend.

Und wenn es besonders heiß hergeht und schwere Tage da sind, brauche ich nur an Kemna und Fritz Senger zu denken, um dann wieder neuen Mut und neue Kraft für die Weiterarbeit zu gewinnen. Was wir jetzt tun, ist wenig gegenüber dem, was diese Kämpfer für ihre Idee getan haben. Deshalb möge diese Schrift ihren Zweck erfüllen, dem sie dienen soll, nämlich dafür einzutreten, daß Freiheit, Menschlichkeit und Gerechtigkeit nie wieder untergehen. Dem ehrenden Andenken der aufrechten Kämpfer möge diese Schrift dienen.

Wuppertal, den 17. 9. 1948.

Oberbürgermeister der Stadt Wuppertal
Mitglied des Zweizonen-Wirtschaftsrates

Vorwort.

Zwölf Jahre in dunkler Nacht —
Zwölf Jahre in Barbarei zugebracht! —

Dieses Motto illustriert wohl am besten die zusammengebrochene Hitler-Diktatur, die das deutsche Volk in ein so fürchterliches Elend gestürzt hat. Jede Freiheit war in Deutschland geknebelt, alle fortgeschrittenen Kräfte wurden aufs Schafott geführt, alle aufbegehrenden Menschen wurden ins KZ. gepfercht und zu Tode gefoltert. So auch in Wuppertal.

Der Kemna-Prozeß hat wohl das dunkelste Kapitel in der Geschichte der Stadt Wuppertal enthüllt, das in der Hitler-Ära durch den kriminell belasteten Polizeipräsidenten Veller möglich wurde, vor dem der Caritasdirektor Hans Carls den damaligen Oberbürgermeister eindringlich warnte.

Ich habe in meinem Leben viele redliche Männer, Gelehrte, Studierende, Arbeiter und Bauern kennen gelernt, mit und ohne Vermögen, edle Menschen, die für Menschenrechte strebten, für eine soziale Besserstellung der Menschen kämpften — aber in der Kemna habe ich Menschen kennen gelernt, die schlimme Bestien waren. Es war der Abschaum der Menschheit. Es ist auch nur gerecht, daß die Kemna-Verbrechen Sühne finden, denn die Täter können nicht mehr Glieder der menschlichen Gesellschaft sein. Georg Büchner sagte mit Recht: „Die Unterdrücker der Menschheit bestrafen ist Gnade, ihnen verzeihen ist Barbarei."

In der Kemna war der Höhepunkt menschlicher Ethik nur noch bei den wehrlosen Gefangenen, die sich gegenseitig halfen und beschützten, so gut sie es konnten. Edle Solidarität! Diese politisch Verfolgten dachten dabei in bester Zukunftshoffnung an den großen französischen Dichter Emile Zola, der prophetisch schrieb: „Wer die Wahrheit hat, erwirbt den Sieg. Niederlage ist eine Bestätigung, daß ihr in Lüge lebtet. . . . Ein Reich, das einzig auf Gewalt bestanden hat und nicht auf Freiheit, Gerechtigkeit und Wahrheit, ein Reich, in dem nur befohlen und gehorcht, verdient und ausgebeutet, des Menschen aber nicht geachtet wird kann nicht siegen und zöge es aus mit übermenschlicher Macht!"

Und so ist das von den Kriegsverbrechern bestochene Diktatur-Reich Hitlers kläglich zusammengebrochen und hat nur eine blutige Elends-Bilanz hinterlassen. Wir aber wollen in opferwilliger Begeisterung auf den Trümmern eine neue demokratische, einige deutsche Republik errichten, in der sich das Volk wohl und glücklich fühlen kann.

Wuppertal-Elberfeld im August 1948.

Oskar Hoffmann

Mitglied des Landtags für Nordrhein-Westfalen.

Einleitung

Der Name „Kemna“, oder genauer gesagt: das Konzentrationslager Wuppertal-Barmen, Beyenburger Straße 146, ist ein Begriff für die Stadt Wuppertal und darüber hinaus geworden. In der Verknüpfung mit dem Begriff „Kemna“ hat unsere Stadt eine traurige Berühmtheit erlangt. Es ist aber an der Zeit festzustellen, daß mit diesem Kulturschandfleck auch ein heroisches Kapitel der Wuppertaler antifaschistischen Bevölkerung in ihrem Widerstand gegen das Nazisystem verbunden ist. In der Kemna sollte der antifaschistische Widerstandswille der freiheitsliebenden und fortschrittlichen Wuppertaler gebrochen werden — das Gegenteil war der Fall. Es hat sich erwiesen, daß der größte Teil der in der Kemna inhaftierten und dort terrorisierten Männer sich durch keinen Druck und keine Gewalt haben schrecken lassen, um nach ihrer Entlassung aus der Kemna weiterhin mutig und aufrecht ihre antifaschistische Meinung zu vertreten. Es hat sich erwiesen, daß diese fast alle im späteren aktiven Widerstand gegen das faschistische Blutregime eine erhebliche Rolle gespielt haben. Man kann wohl geradezu sagen, daß das Erlebnis in der Kemna in den meisten die Überzeugung gefestigt hat, unter allen Umständen und mit allen Mitteln die Nazibarbarei zu bekämpfen. So hat das schreckensvolle Erlebnis der Kemna mitgewirkt, um einen unbeugsamen Widerstandswillen bei den betroffenen Wuppertaler Antifaschisten wachzurufen.

Der Prozeß gegen die Wachmannschaft des Konzentrationslagers Kemna, der sich als erster Prozeß dieser Art vor den Schranken eines deutschen Gerichts abspielte und vom März bis Mai 1948 von der 5. Strafkammer des Landgerichts Wuppertal verhandelt wurde, hatte eine überlokale Bedeutung und Beachtung, und hat noch einmal die grauenhaften Vorgänge des Jahres 1933 in das Gedächtnis der Beteiligten zurückgerufen. Ja, für den größten Teil der Wuppertaler Bevölkerung wurden durch den Prozeß diese grauenhaften Vorgänge erst richtig bekannt. Mit Staunen wurde die Öffentlichkeit jetzt gewahr, welche wahrhaft menschenschänderischen Dinge sich damals fast direkt unter ihren Augen abgespielt haben. Es besteht darum zweifellos ein ernstes Bedürfnis, ein öffentliches Interesse und eine politische Notwendigkeit, einen Bericht über das Konzentrationslager Kemna der Öffentlichkeit zu unterbreiten.

Die Darstellung soll nüchtern und sachlich vorgenommen werden und sich auf erwiesene Tatsachen stützen, wie sie in Hülle und Fülle bei der Prozeßverhandlung zu Tage getreten sind und durch eidliche Zeugenaussagen bewiesen werden konnten. Zum Verständnis der ganzen Zusammenhänge ist es jedoch erforderlich, die „Kemna" nicht als eine unbegreifbare zufällige Erscheinung aufzufassen, sondern sie in den Gesamtkomplex der damaligen politischen Ereignisse und Situation einzuordnen. Es ist darum unerläßlich, in kurzen Zügen diese Situation zu beleuchten und wenigstens andeutungsweise jene Bedingungen zu entwickeln, aus denen heraus die „Kemna" entstanden und nur zu begreifen ist. Bei dem Umfang und Ausmaß der in der „Kemna" geschehenen Verbrechen gegen die Menschlichkeit versagen alle normalen gewöhnlichen menschlichen Maßstäbe. Es ist also Aufgabe, die „Kemna" nicht als Episode, sondern als Glied einer Kette im Rahmen der politischen und geschichtlichen Zusammenhänge zu entwickeln und darzustellen. Dieses soll mit dem einleitenden Kapitel versucht werden.

I.

Große Stadt im engen Tal.

Die Menschen und die Erscheinungen des Lebens bewegen sich nicht unabhängig von Raum und Zeit. Wenn man die Dinge, die sich 1933 in Wuppertal abgespielt haben und die Gegenstand der vorliegenden Schrift sein sollen, mit dem richtigen Verständnis begreifen will, muß man einen Blick auf den geschichtlichen Boden, auf die Landschaft, die Menschen und ihre Eigenart usw., kurz auf alle bestimmenden Faktoren und Bedingungen werfen, aus denen heraus die Ereignisse von 1933 erwachsen sind.

Wuppertal, die Großstadt im Kranz der grünen Berge, ist eine Textil-Industriestadt mit einem starken Sektor der Chemie und Farbenindustrie. Barmer Bogen, Litzen, Spitzen, Kordeln und Gummiband haben den Weltruf der Wuppertaler Industrie begründet, hinzu kamen die Bemberg-Seide und die Bayer-Erzeugnisse. Diese Industrie bestimmt Wuppertals Charakter und Gesicht — eine Industriestadt in einer schönen, hügeligen, waldreichen Umgebung, die jedoch nicht so plötzlich und ungesund in die Höhe geschossen ist, wie die bekannten typischen Beispiele so mancher Stadt-Parvenüs, die in der Treibhausluft einer überstürzten Industrialisierung buchstäblich aus dem Nichts entstanden sind. Wohl hat Wuppertal in jener Gründerepoche einen kräftigen Schuß nach vorne getan, doch schaute die heimische Industrie schon auf eine lange Entwicklung zurück. Das Wachstum geschah im Gesamten gleichmäßiger und harmonischer als bei anderen Emporkömmlingen wie z. B. im Ruhrgebiet. So war auch der Bevölkerungszuwachs gleichmäßiger und konnte im wesentlichen von dem natürlichen Zuwachs der Einheimischen bestritten werden. Dieses Moment bestimmt maßgeblich den Charakter der Wuppertaler Bevölkerung; sie ist dadurch heimatverwurzelt, es bestehen die vielfältigsten, weitverzweigtesten familiären Verbindungen, daraus entstand eine Athmosphäre der Tradition und Solidität, verbunden mit gesundem und stolzem

Unabhängigkeitssinn. Die ethnographischen Elemente, die sich in der Landschaft Wuppertals treffen, (die rheinische Beweglichkeit und die niedersächsische Festigkeit) haben noch dazu beigetragen, eine glückliche Mischung entstehen zu lassen.

Der industrielle Charakter Wuppertals und der dadurch bedingte zahlenmäßig starke proletarische Anteil der Bevölkerung sorgte dafür, daß die aufgezeigten Momente nicht zu einer Überwucherung des Spießertums führten. So war der Wuppertaler Mensch immer für freiheitliche und fortschrittliche Bestrebungen empfänglich und aufgeschlossen — das drückt sich in einer freiheitlichen Tradition der Geschichte der Stadt aus, verbunden mit einem gewissen revolutionären Akzent.

Solchem Boden entwuchs z. B. ein Mensch wie Friedrich Engels, der unbestreitbar größte Sohn unserer Stadt, der große Mitbegründer der modernen Arbeiterbewegung. In dieser Umgebung verdiente sich ein Fritz Ebert seine ersten politischen Sporen. Hier fanden lebhafte Bewegungen der um ihr Recht kämpfenden Arbeiterschaft statt. Als 1920 die Reaktion ihren ersten Vorstoß gegen die junge Republik unternahm und den Kapp-Putsch inszenierte, fanden die Landsknechtstruppen von der Wuppertaler Arbeiterschaft eine gründliche Abfuhr. Von Wetter an der Ruhr rückte das Freicorps Lichtschlag an. Die Arbeiter in Wuppertal fügten diesem eine empfindliche Schlappe bei, jagten die Kappisten über Remscheid zur englischen Besatzungsgrenze bei Solingen, wo sie zum Übertritt gezwungen und entwaffnet wurden.

Die aufkommende NSDAP. versuchte schon in ihrer ersten Zeit in Wuppertal Boden zu gewinnen. 1923 war in Elberfeld die Zentrale für die Sabotagetrupps, die von hier ihre terroristischen Anschläge im Ruhrgebiet durchführten. Die O. H. Organisation Heinz (Heinz Hauenstein) hatte hier ihre Operationsbasis und gab Hilfestellung für die sinnlosen Unternehmungen Schlageters. Goebbels war zu der Zeit bereits tätig und hatte sein Hauptquartier in Elberfeld in der Holzerstraße. Auch Hitler ließ sich in jenen Tagen dort öfters blicken. So sollte Wuppertal das Sprungbrett für die nationalsozialistische Machtergreifung im Westen bilden. Daß Wuppertal dieser faschistischen Ambition nicht gerecht wurde, ist dem starken Freiheitssinn und antifaschistischen Widerstandswillen seiner Bevölkerung zu verdanken. Hitler ließ sich später nicht mehr gerne hier sehen und Goebbels beklagt sich in seinem Buch „Vom Kaiserhof zur Reichskanzlei" über den unfreundlichen Empfang der ihm 1932 von der Wuppertaler Bevölkerung zuteil wurde. Er schreibt darüber, daß er in dem Ort, von dem 1923 seine politische Laufbahn begann, 1932 mit Steinwürfen von einer erregten Menge begrüßt wurde.

In der überhitzten, gespannten politischen Athmosphäre des Jahres 1932 vollzog sich der Wettlauf zwischen den antifaschistischen Kräften und den Kräften des Faschismus. Diese Auseinandersetzung geschah in Wuppertal unter dramatisch-aufwühlenden Formen. In den SA.-Ausfallheimen (in Barmen in der Münzstr., Allee, Kniestr. usw. in Elberfeld in der Aue, Luisenstr., usw.) standen die braunen Söldnertruppen der faschistischen Reaktion zum Überfall auf die antifaschistische demokratische Bevölkerung bereit. Es wurde blindlings in Arbeiterumzüge hineingeschossen oder zumindest Steine geworfen. Aus dem dunklen Hinterhalt wurden Mordanschläge auf bekannte Antifaschisten ausgeführt.

Bei den Besprechungen mit Ruhrindustriellen im Stahlhaus in Düsseldorf hatte Hitler den klaren Auftrag erhalten, selbst mit bürgerkrieg-ähnlichen Mitteln den Angriff auf die demokratischen Volkskräfte, auf die demokratischen Organisationen und Errungenschaften durchzuführen. Das Volk rüstete zur Abwehr. Die Wuppertaler Antifaschisten, fußend auf eine geschichtlich-bedeutende freiheitliche, sozialistische Tradition, führten die Abwehr der faschistischen Bedrohung mit heldenhafter, hartnäckiger Verbissenheit. Mit kriegsähnlichen Methoden versuchten die SA.-Horden in die Arbeiterviertel einzudringen und die antifaschistische Bevölkerung zu terrorisieren. Sie holten sich aber immer eine gründliche Abfuhr. Es gab eine ganze Menge von Straßen in Wuppertal, die für eine braune Uniform einfach unpassierbar, „tabu" waren. In der Hitze der zahlreichen Wahlkämpfe des Jahres 1932 steigerte sich die Verbissenheit auf beiden Seiten.

Aus der Fülle der Ereignisse, wie sie in den Tagen fast laufend geschahen, nur einige Beispiele:

Die Brüning-Regierung hatte ein allgemeines Uniformverbot erlassen. Im Juni 1932 wurde Brüning von Papen abgelöst, der den Nazis sofort als Antrittsgeschenk die Aufhebung des Uniformverbotes überreichte. Schlagartig wurden die Wuppertaler Straßen von braunen Uniformträgern überschwemmt. In Gruppen von 5, 10, 15 Mann bummelten sie über die Bürgersteige, belästigten das Publikum und suchten Händel. Bewaffnete Trupps versuchten in jene Straßen einzudringen, die bisher für sie „tabu" waren. So schlagartig wie die braunen Söldlinge provozierend auftraten, so schlagartig setzte auch die Abwehr der Wuppertaler Antifaschisten ein und ebenso wahrhaft und buchstäblich „schlagartig" war im Verlauf weniger Stunden der braune Spuk verschwunden. Wochenlang danach wagte es noch kein SA.-Mann, sich in den Wuppertaler Straßen in seiner Uniform blicken zu lassen.

Doch die Stadt im Tale war eine zu wichtige Position, um sie aufgeben zu können. Im Juli kam noch einmal Goebbels, um persönlich auf die Stadt seiner früheren Tätigkeit einzuwirken. Im Elberfelder Stadion sollte er sprechen. Schon viele Tage zuvor waren alle Mauern, Zäune und öffentlichen Anschlagstellen in der Umgebung des Stadions mit meterhohen Lettern bedeckt: „Goebbels lügt! Goebbels lügt!" So unfreundlich wie diese Ankündigung, so unfreundlich war auch der Empfang seiner Person seitens der antifaschistischen Bevölkerung Wuppertals. Steine flogen in seinen Wagen, nur mühsam und unter starkem Polizeischutz konnte er den Weg zum Stadion finden. Die SA. sollte von Oberbarmen eine Demonstration quer durch das Tal bis zum Westende durchführen. Es war unmöglich! Die erregten antifaschistischen Massen durchwogten die Straßen und verhinderten jede Formierung der braunen Banden. Nur auf Umwegen, auf Lastwagen über die umliegenden Höhen konnten diese zum Stadion gelangen.

Innerlich kochend, wutschnaubend ob dieser Niederlage holten sich die Wuppertaler Nazi-Führer, wie Veller, Bangert,

Schuhmann, Pfeiffer, Hilgers, Benn, Feick und weitere wohl schon jetzt von Goebbels und ihrem obersten Herrn und Meister den Freibrief für kommende Untaten, für die Statuierung eines abschreckenden Exempels. Aber noch war die Zeit nicht gekommen. Noch mußten sie manche Niederlage von Wuppertaler Antifaschisten einstecken. Selbst im Januar 1933 konnte ein Massenaufgebot von SA., aus der weiten Umgebung zusammengeholt, nur unter stärkster Polizeibewachung den Weg durch unsere Straßen finden. Diese SA.-Demonstration, anläßlich des Lippe-Wahlsieges der NSDAP., war wieder ein denkwürdiger Tag in der Geschichte der antifaschistischen Abwehr. Als sich die Machteinsetzung Hitlers schon deutlich abzeichnete und die SA. als künftige Hilfspolizei oder Staatsgarde vorauszuahnen war — da gingen die Wuppertaler Antifaschisten zum Protest in Massen auf die Straße. Auf dem Alten Markt in Barmen steigerte sich der Abwehrwille zum Höhepunkt. Eine unübersehbare Menge füllte den Platz und die umliegenden Straßen. In Sprechchören gab sie ihrem Widerstandswillen Ausdruck. Mit vorgehaltenem Karabiner mußte die Polizei den braunen Söldnern den Weg bahnen. Über die unsicher trippelnden SA.-Demonstranten schlug der Protest der Antifaschisten wie eine Woge zusammen.

II.
Die Nacht bricht herein.

Am 30. Januar 1933 mittags um 2 Uhr verkündete das Radio, daß Hitler als Reichskanzler eingesetzt sei. Die Nazis hatten sich noch nicht gefaßt — da marschierte schon die Wuppertaler Arbeiterschaft. Wenige Stunden nach der Radiomeldung, nachmittags um 5 Uhr, sammelte sich eine Masse auf dem Vorplatz des Barmer Rathauses, formierte sich zu einem Demonstrationszug und bewegte sich unter Protestsprechchören gegen die Hitler-Diktatur durch die Straßen der Stadt. Zur gleichen Zeit machte die SA. in Berlin ihren Fackelzug durch das Brandenburger Tor. In Wuppertal wagten sich die braunen Banden unter dem Eindruck der erregten antifaschistischen Massen noch nicht zum Vorschein — so groß war der Respekt vor dem tatkräftigen Abwehrwillen unserer Arbeiterschaft. Erst am folgenden Tag machte auch hier die SA. ihren „Siegesmarsch", doch dieser vollzog sich nicht reibungslos und ohne Protest der Antifaschisten.

Jedoch die Ereignisse gingen außerhalb unserer Stadt ihren verhängnisvollen Weg. Hitler bekam die Staatsgewalt in die Hände gespielt; die vereinigte Reaktion aus Militaristen, Schwerindustriellen und ostelbischen Junkern hatte ihn als ihren Mann erkannt und gab ihm freie Hand. Das Verhängnis nahm seinen Lauf auch in Wuppertal. Göring übernahm die Polizei; die SA. und SS. wurde als Hilfspolizei eingegliedert - die braune Meute war losgelassen! Jetzt sahen Veller und seine Mörderclique ihre Stunde für gekommen. Eine Schreckenszeit begann; Sicherheit und Ordnung waren verschwunden, die Polizei war machtlos. Die schwerbewaffneten SA.-Banden, von skrupellosen Mordbuben wie Willi Veller, genannt „Emmes", August Puppe usw. angeführt, schossen in den Straßen herum, drangen nachts in die Häuser, überfielen, verschleppten und erschlugen friedliche Menschen.

Eine junge Frau erzählt:

„Als Hitler an die Macht kam, ging ich das letzte Jahr zur Schule. Wir hatten alle Ursache uns zu fürchten, Mutter und ich. Der Vater war in Schutzhaft gewesen, bei der ordentlichen Polizei, und nun stellte die SA. ihm wieder nach. Er war Funktionär der längst verbotenen Kommunistischen Partei Deutschlands.

In einer Nacht weckte mich die Mutter und sagte leise: „Horch!" Sicher hatte sie wieder wachgelegen. Nun saß ich aufrecht in meinem Bett und horchte. Meiner Mutter Arm lag um meine Schultern. Im andern Zimmer, an der Küchentüre, pochte jetzt ein harter Knöchel.

„Aufmachen! Sofort aufmachen! Polizei", rief ein Mann und trat dabei auch noch gegen das Holz. Ich merkte, daß der Vater ebenfalls nicht mehr schlief. Im Haus war es für einen Augenblick totenstill. Dann aber trommelten Fäuste gegen die Türe und traten schwere Schuhe dagegen. Die Mutter knipste das Licht an, stand einen Augenblick ganz verzweifelt unter der Lampe, zog dann aber von einem Haken an der Wand einen alten Mantel über das Nachthemd und ging öffnen. „Nein", wollte ich schreien, doch hielt ich mir selbst den Mund zu und ließ mich wieder in mein Bett zurückfallen. Gedanken hatte ich keine mehr. Heute weiß ich, daß es die namenlose Angst war. Ich war trotz meiner 13 Jahre doch noch ein Kind.

Dann traten die Männer ein. Es waren zwei SA.-Leute. Sie kamen gleich in die Schlafkammer. Vater aber war bereits aufgestanden und wartete am Fußende der elterlichen Betten; das meine stand in der Ecke. Und ich stellte mich schlafend. Die Furcht verwirrte mich dermaßen, daß ich die Worte wohl hörte, aber nicht begriff. Endlich fand ich doch, daß die Mutter weinend von der Polizei sprach. Die SA.-Männer lachten böse auf. Sie schienen mir betrunken, als ich meine Augen um einen dünnen Spalt öffnete. Ich fühlte mein Herz jetzt noch wilder pochen, wie die Mutter unter Tränen und voller Hast die Wohnung verließ, die Treppe hinuntereilte, um Hilfe zu holen, vielleicht zur Polizeiwache?

Einer von den beiden wüsten Kerlen griff von einem Stuhl bei den Betten Vaters Unterhosen und warf sie ihm hin, mit den Worten: „Zieh' dich an und denn los!"

Mein Vater aber ließ die ihm zugeworfenen Hosen vor sich an den Boden niederfallen und blieb weiter stumm da stehen, die Arme über die Brust verschränkt.

Ich konnte die Augen jetzt ganz öffnen, wenigstens glaubte ich es so, weil die SA.-Leute näher zu meinem Vater getreten waren, so daß ich in meinem Bett in ihrem Rücken blieb.

Der andere SA.-Mann hinkte ein wenig, bemerkenswerter aber war für mich, daß er seit dem Eindringen in das gemeinsame Schlafzimmer die rechte Hand versteckt im Uniformhemd trug, kein Wort vernehmen ließ und immer nur meinen Vater von unten her böse anstarrte.

Und dieser Verbrecher trat plötzlich den Vater vor den Leib. Er krümmte sich und stöhnte leise.

Hätten sich die Kerle jetzt umgedreht, dann wären sie gewahr geworden, daß ich vor lauter Schrecken die Augen nicht mehr schließen konnte. Schreien aber war mir auch nicht möglich. Der Hals war mir trocken, als wäre eine fremde Hand bei meiner Kehle.

Der Hinkende, der meinem Vater in den Leib trat, daß sich dieser vor Schmerzen wand, riß dann auch noch die rechte Hand aus seinem braunen SA.-Hemd, und ich sah einen kleinen Revolver auf den Vater gerichtet, als ich nun in meinem Bett aufrecht stand und wieder stammeln, sprechen, endlich sogar schreien konnte, so laut, wie ich wohl noch nie in meinem Leben geschrien habe: „Hilfe", immer wieder „Hilfe"!

In der kurzen Zeit zwischen dem Fußtritt in den Unterleib des Vaters und der plötzlichen Bedrohung mit dem Revolver hatte der Verbrecher noch böse gezischt: „Da winselt der Hund auch noch . . . .".

Jetzt aber starrte er kurz zu mir hinüber, die ich da im Bett stand und all mein Leid hinausschrie, in dem einen Wort „Hilfe"!

Ich merkte mehr wie ich es hörte, daß der Begleiter des Revolvermannes sagte: „Hier nicht"!

Ich schrie weiter und sprang aus meinem Bett, mich vor den Vater stellend. Da hörte ich deutlicher: „Hier nicht sage ich dir! Das geht hier nicht!" Der Kerl verbarg dann auch wieder, unter einem bösen Knurren, wie man das bei einem zurechtgewiesenen Hund oft hört, seinen Revolver und die rechte Hand in das Braunhemd, also immer noch zur Mordtat sofort bereit. Als ich den Revolver nicht mehr sah, konnte ich endlich weinen, daß es mir bald leichter wurde.

Im Hause hörte man das Geräusch von Türen und Tritten. Es waren Menschen auf den Treppen. Man vernahm es deutlich. Auf der Straße gröhlte eine SA.-Bande. Meine Mutter aber kam auch zurück, wenn auch ohne Polizisten. Da drohten die beiden Verbrecher zu meinem Vater hinüber und polterten mit schweren Schritten davon.

Auf der Straße sprang kurz darauf ein Motor an. Das Auto der SA. fuhr ohne meinen Vater ab, diese Nacht wenigstens, an die ich immer denken werde, solange ich lebe. Die Nachbarn sagten am andern Tag, daß ich das mit meinen Hilferufen erreicht hätte. Dann aber wurde mein lieber Vater doch geholt. Die SA. hat ihn ermordet. Er starb an der Kemna."

Ein Führer des Reichsbanners berichtet: (Friedrich Schmidt von Elberfeld)

„Als Auftakt der Verfolgungen erschienen am 10. März 1933 drei SS.-Leute während meiner Abwesenheit in der Wohnung und zertrümmerten mir durch Fußtritte die neuen Küchenschränke. Außerdem raubten sie noch 16 m schwarz-rot-goldenes Fahnentuch. Erkannt wurden die SS.-Männer [redacted] und der inzwischen verstorbene Werner Hanemann. Um mich nun in die Hände zu bekommen, rückte am 20. April 1933 ein Kommando von ca. dreißig SA.-Männer, unter der Führung des damaligen Ortsgruppenleiters Köhnen heran. Der Sturmführer Schindler erklärte mich auf meiner Arbeitsstelle als verhaftet. Auf meinen Einwand, daß ich nur durch die legale Polizei zu verhaften sei, erhielt ich als Antwort mit einem gefüllten Kaffeetopf Schläge auf den Kopf. Danach richteten sich 6-8 Pistolen auf mich. Unter diesen Umständen begann dann der Abtransport durch die bis an die Zähne bewaffneten SA.-Leute zu der bekannten SA.-Kaserne in der Aue.

Hier hatte ich nun in vollem Umfange Gelegenheit, die Folter- und Vernehmungsmethoden dieser Bestien in Menschengestalt kennenzulernen. Kaum angekommen, schlug man mit Eisenstangen solange auf meinen Körper, bis ich blutüberströmt zusammenbrach. Aber das war erst der Anfang. Nun ging es in den Keller. Dort waren vierzig von diesen Mordbanditen anwesend. Die Leitung dieses Prügelkommandos hatte der berüchtigte, damalige SA.-Führer und spätere Gestapo.-Beamte Peters. Jetzt begann die Vernehmung. Die erste Frage lautete: Bist du Führer des Reichsbanners gewesen? Als ich mit ja antwortete, stürzten sich acht mit Polizeiknüppeln bewaffnete SA.-Männer auf mich. Sie schlugen mich ununterbrochen ungefähr 15 Minuten lang. Die zweite Frage war: Wer sind die anderen Führer des Reichsbanners gewesen? Als ich die Aussage verweigerte, begannen die Mißhandlungen erneut. Der Einsatz des Kommandos erfolgte sehr planvoll. Acht SA.-Leute schlugen solange, bis sie erschöpft waren. Dann erfolgte der Befehl: die nächsten acht vortreten! Bei diesen Mißhandlungen verlor ich viermal das Bewußtsein. Bei dessen Rückkehr mußte ich feststellen, daß diese Verbrecher die unglaubliche Gemeinheit besaßen, mich mit Urin zu überschütten. Hierbei hob sich der bereits genannte Peters besonders hervor.

Nachdem die Mißhandlungen ca. 2 Stunden ununterbrochen fortgesetzt worden waren, holte man mich aus dem Keller heraus und schleppte mich zu dem Standartenführer Schumann. Der fragte mich ironisch, wie ich denn aussähe, ob ich mich so kräftig gewehrt hätte. Infolge der Mißhandlungen konnte ich weder gehen, stehen noch sitzen. Auf Befehl von Schumann erfolgte die Überlieferung zur Polizei. Diese erklärte mich nicht mehr für haftfähig und überführte mich mit dem Polizeiwagen in das Krankenhaus St. Joseph-Hospital. Die durch die Mißhandlungen entstandenen Verletzungen waren so schwer, daß ich an mehreren Stellen genäht werden mußte. Außerdem war es erforderlich, den rechten Arm in Gips zu legen und den gesamten

Körper zu bandagieren. An meinem Körper war kein einziger weißer Fleck mehr zu finden. Aber das genügte diesen Unmenschen noch nicht. Sie versuchten in das Krankenhaus einzudringen. Um dem sicheren Tod zu entgehen, nahm mich die Polizei in Schutzhaft. Nach zwei Tagen wurde ich dann aus dem Gefängnis wieder entlassen. Um wieder einigermaßen arbeitsfähig zu werden, benötigte ich noch vier Wochen Krankenhausaufenthalt.

Man hatte mich nun wohl furchtbar mißhandelt, aber damit war das eigentliche Ziel der Nazis, nämlich mein Tod, noch nicht erreicht. Aus diesem Grunde wurde ich am 11. Juni 1933 erneut von 40-50 SA.-Männern, die von dem SA.-Mann Wiegand geführt wurden, verhaftet. Es ging wiederum zu der SA.-Kaserne in der Aue. Hier wiederholten sich die schon geschilderten Mißhandlungen. Der Bruder des Standartenführers Schumann zeichnete sich an disem Tage ganz besonders aus. Die Mörder machten mich darauf aufmerksam, daß ich diesmal nicht mit dem Leben davonkommen und am Abend auf einer Kippe erschossen würde.

Dann erschien der bekannte Mörder Puppe. Auch er gab mir zu verstehen, daß es ihm ein Vergnügen bereiten würde, mich ins Jenseits zu befördern. Den Auftrag dazu habe er von dem Standartenführer Schumann bekommen.

Als ich nun die Gewißheit hatte, an diesem Abend durch Mörderhand sterben zu müssen, faßte ich den Entschluß, durch das im dritten Stock befindliche Fenster auf die Straße zu springen. Durch diese Handlung hoffte ich die Öffentlichkeit auf die unglaublichen Zustände aufmerksam machen zu können. Nach dem Sprung blieb ich mit zersplitterten Füßen auf der Straße liegen.

Als die Nazis sich von ihrer Überraschung erholt hatten, schossen sie noch auf mich, obwohl ich vollkommen hilflos und bewegungsunfähig daniederlag. Ich wurde auf den Hof gezerrt, wo sie es nicht unterlassen konnten mich mit Fußtritten und Stockschlägen einzudecken. Hierbei zeigte der Sturmführer Schindler, daß er ein wirklicher Führer der Mördertruppe war.

Inzwischen erschien das Krankenauto des Roten Kreuzes, das von mir unbekannten Personen herbeigeholt worden war.

Aber die Nazis verhinderten den Abtransport so lange, bis die Polizei erschien. Mit meinem ältesten Bruder, der, als er mir zu Hilfe eilen wollte, zwei Streifschüsse erhielt, wurde ich in das St. Joseph-Hospital eingeliefert. Meine Füße wurden in Gips gelegt und der Krankenhausaufenthalt betrug diesmal ein halbes Jahr.

Seitdem bin ich ein Krüppel, da ich mich auf der Straße nur mit Hilfe von 2 Stöcken fortbewegen kann. Im vergangenen Jahr stellte sich noch infolge der Mißhandlungen ein Lungenriß heraus, an dessen Folgen ich heute noch schwer leide. Durch die Drohungen der Nazis blieb es mir 12 Jahre lang verwehrt, meinen Mund über das an mir verübte Verbrechen zu öffnen. Heute aber ist der Tag gekommen, an dem ich meine Peiniger und damit das Blutsystem der Nazis anklagen und brandmarken kann."

Der antifaschistische Abwehrwille der Wuppertaler Bevölkerung war noch längst nicht gebrochen. Die freiheitliche und sozialistische Tradition wirkte fort und setzte sich in energischen, hartnäckigen Widerstand um.

Die haßgefüllten Naziführer wollten diesem mit allen Mitteln das Rückgrat brechen. Sie wollten ein Exempel statuieren. Durch Verbreitung von Greuel und Terror, von Furcht und Schrecken wollten sie Rache nehmen für ihre zahllosen Niederlagen in Wuppertal, wollten sie den Widerstandswillen seiner Bevölkerung brechen. Das Konzept der örtlichen Parteigrößen, der Veller, Bangert, Schumann, Pfeiffer, Benn usw. stimmte mit dem Konzept der Hitler und Goebbels, die die besondere Wuppertaler Athmosphäre aus ihrer früheren unersprießlichen Wirksamkeit am Ort genau kannten, überein.

Der teuflische Plan konnte zur Ausführung gelangen. Ein Beispiel sollte errichtet werden. Die bisher mehr planlosen, spontanen Terrorakte und zusammenhanglos-willkürlichen Einschüchterungsversuche in der Gestalt von Wild-West-Überfällen, Schießereien usw. sollten nun systematisiert und mit planmäßiger Teufelei organisiert werden. Greuel und Schrecken wurden zum System erhoben! Im Juli 1933 wurde das Konzentrationslager Wuppertal-Barmen, Beyenburger Straße 146, nach der dortigen Ortsbezeichnung kurz „Kemna" genannt, in's Leben gerufen. Der Vorhang über das traurigste Kapitel unserer Stadt, über ein unglaubliches Kapitel sadistischer Ausschreitungen, unfaßbarer menschlicher Verirrungen ging hoch. Die Wirkung, die dieser Schandfleck unserer Stadt auf die Öffentlichkeit ausübte, fand seinen Niederschlag und seine Widerspiegelung in einem damals unter der Bevölkerung herumlaufenden Wort: Wenn jemand einen anderen schrecken wollte, tat er das mit der Drohung: „Sieh dich vor, sonst kommst du auch noch in die „Kemna"! (Sie würden bestimmt nicht so gesprochen haben, wenn ihnen die Scheußlichkeiten bekannt gewesen wären, die damals dort begangen worden sind.)

III.

Die Fabrik am Rande der Stadt.

Wenn man die Wupperstadt nach Süd-Osten in Richtung auf den alten Klostersitz Beyenburg verläßt, bleibt die Breite des Tales, wo sich die Stadt entwickeln konnte, hinter uns liegen. Die Berge treten enger zusammen. Dem Tal der Wupper folgend, an den ausgedehnten Betriebsanlagen der I. P. Bemberg A.-G. vorbei, erreicht man nach einer halben Wegstunde jenen Ort, dessen Name „Kemna" nachgerade Begriff geworden ist und es zu einer traurigen Berühmtheit gebracht hat. Dort stand eine leere Fabrik; ein Textilbetrieb, der durch die kapitalistische Wirtschaftskrise stillgelegt worden war. Die Maschinen waren ausgebaut, nur einige Garderobespinde und etliche Eimer mit Staufferfett waren zurückgeblieben. Diese Rückstände des ehemaligen Betriebes sollten in der Geschichte des Konzentrationslagers für eine erhebliche Zahl von Insassen noch eine pein- und unheilvolle Rolle spielen.

In dieser leerstehenden Fabrik wurde im Juli 1933 auf Befehl des inzwischen zum Wuppertaler Polizeipräsidenten ernannten SA.-Oberführers Veller ein Konzentrationslager eingerichtet. Letzterer hatte seine Befähigung zum Polizeipräsidenten, d. h. also zu dem Verantwortlichen für Sicherheit und Ordnung einer 400 000 Bewohner zählenden Stadt, in den vorhergehenden Jahren durch unzählige Banditenstreiche, Rowdy-Attacken und Wild-West-Stücke bewiesen. Nun befahl er die Errichtung eines Lagers, in dem politisch gefährdete Personen zwecks ihrer eigenen Sicherheit in Schutzhaft (oh, Hohn!) untergebracht werden sollten.

Als Lagerkommandant wurde zuerst ein SA.-Sturmführer Hugo Neuhoff aus Langerfeld eingesetzt. Dieser, eine im Wesentlichen dem Veller kongeniale Landsknecht- und Schlägernatur, erwies sich aber bald als ungeeignet für diese Aufgabe. Rücksichtslos und brutal, auf offener Straße zu jeder Untat bereit, lehnte er es jedoch ab, sich an wehrlosen Gefangenen auszulassen.

In seinem Nachfolger, dem „hinkenden Teufel", SA.-Sturmbannführer Alfred Hilgers von der Cronenberger Str. in Elberfeld, wurde der Kommandant gefunden, der allen Anforderungen der Nazi-Barbaren entsprach und der für die Aufgabe geradezu prädestiniert war, eine Folterhölle von übermittelalterlichen Dimensionen und ein Menschenschlachthaus par exellence zu organisieren.

IV.

Wie der Herr, so der Knecht.

Entsprechend den Gesichtspunkten bei der Auswahl des Lagerkommandanten geschah auch die Auslese der übrigen Wachmannschaften. In dem späteren Prozeß 1948, wo die Angehörigen der Wachmannschaft für ihre damaligen Schandtaten geradestehen sollten, wollten sie sich damit herausreden, daß sie nur durch Befehl zum Dienst in der Kemna gezwungen worden sind und diesem Befehl nur widerwillig gehorcht haben. Wenn man sich aber diese Schandbuben etwas genauer ansieht, so schlägt alles ihren feigen Ausflüchten platterdings in's Gesicht. Auch ihre Ausreden mit dem Hinblick auf die Polizei, von der sie angeblich zu Mißhandlungen gedrängt wurde, sind geradezu lächerliche Flausen. Man vergegenwärtige sich doch nur die Situation von 1933. Die SA. hatte einen Freibrief für alles! Nicht die SA. mußte mit der Polizei liebäugeln, sondern noch vorhandene demokratische Polizeibeamte hatte allen Grund, bei der SA. um schön Wetter zu bitten. Die SA. überschlug sich doch geradezu; nicht nur um ihre nationalsozialistische Gesinnungstreue zu beweisen, sondern noch mehr in der Verfolgung ihrer privaten Haßgefühle und Rachegelüste. Und aus der Masse der SA., diesem Konglomerat von dunklen Existenzen, asozialen Radau-Elementen, wildgewordenen Spießbürgern usw. wurde eine vielversprechende Blütenlese als Kemna-Wachmannschaft zusammengestellt.

Diese sauberen Brüder brauchten von niemand aufgeputscht, geschweige gezwungen werden - weder von ihrer noch saubereren Parteiführung, noch von der Polizei oder sonstwem - die lechzten geradezu, wie bisher an der Koppel gehaltene Bluthunde, sich mit Wollust und Inbrunst auf wehrlose Opfer zu stürzen und ihren verbrecherisch sadistischen Neigungen frönen zu können.

Das ungeheuere, unverantwortliche Verbrechen aller damaligen Verantwortlichen bleibt es immer, diese Meute fragwürdigster Elemente auf die Menschheit losgelassen zu haben, diese dunklen Kräfte organisiert und dann freien ungehemmten Lauf gegeben zu haben. Die Unterwelt war geweckt, in der Kemna konnte sie sich austoben!

V.
Die Psychologie der Wachmannschaft.

Die faschistische Reaktion hatte sich in der SA. und SS. ein gefügiges Terrorinstrument — eine Bürgerkriegsgarde geschaffen, die in sich einen eigenen besonderen Lebensstil entwickelte, oder richtiger gesagt: züchtete. Dieser besondere Lebensstil der Hitlergarde ist nur zu begreifen aus ihrer Herkunft und aus den ihnen zugedachten Aufgaben. Ihre Aufgabe war die brutale, terroristische Bekämpfung aller demokratischen Kräfte, die Hilfestellung bei der Ingangsetzung der nationalsozialistischen Unterdrückungsmaschinerie. Die SA. war gedrillt und abgerichtet auf einen fanatischen Haß gegen alle freiheitlich-demokratischen Volksrechte im Allgemeinen und gegen ihre konsequentesten fortschrittlichsten Vertreter, die Arbeiterschaft, im Besonderen. D. h. in ihrem eigenen Sprachgebrauch, in ihrem eigenen rüden Landsknechtsjargon übersetzt: gegen die Sau-Juden-Republik und gegen die verfluchten Marxisten. Die Herkunft und die Zusammensetzung dieser Bürgerkriegsgarden war ein buntes Gemisch von gesinnungslosen Abenteurern, beutegierigen Söldnern, entwurzelten Offizieren, brotlosen relegierten Studenten, deklassierten Elementen, asozialen, arbeitsscheuen Lumpenproletariern, verkrachten Existenzen, haltlosen, durch die Wirtschaftskrise wildgewordenen Kleinbürgern, unreif-romantischen Schwärmern — kurz, eine zusammengewürfelte Gesellschaft, wobei der Abhub tonangebend war. Die Führerschaft setzte sich hauptsächlich aus berufsmäßigen Putschisten und Landsknechten zusammen. In diesen Kreisen wurde eine fanatische Pogromstimmung gegen die Arbeiterschaft genährt. Als die SA. zu einer größeren Masse anschwoll, erhielt der Anteil der unzufriedenen Mittelständler, Handwerker, Angestellten usw. wohl einen zahlenmäßig bedeutenderen Umfang, jedoch war der Lebensstil festgelegt durch die asozialen Söldnerelemente und wurde charakterisiert durch einen hemmungslos-brutalen, großsprecherisch-rohen Landsknechtston. Ihr Begehren bestand in dem Dreiklang: Saufen, Fressen, Huren! Der „Soldat des Führers" brauchte immer Bier, eine Pistole, Weiber. War er mit diesem „geistigen Rüstzeug" versehen, dann war er bereit, sogar seinen eigenen Bruder zu verkaufen. (Ein „klassischer" Fall dieser Art ereignete sich im Juli 1933 in Elberfeld:

Der Arbeiter Julius Henning hatte durch seine Fürsprache und Bemühungen seinen ungeratenen Bruder aus der Fürsorge freibekommen. Dieser ging stracks zur SA. und wurde dort mit einer wunderschönen braunen Uniform eingekleidet und mit einer Pistole versehen. Mit seinen Spießgesellen machte er einen stolzen Bummel und traf auf der Deweerthstraße seinen Bruder Julius, der ihm Vorhaltungen machte, warum er nicht nach Hause käme und ehrliches Geld verdiene; für diese braune Soldatenspielerei habe er ihn nicht aus der Fürsorge geholt. Der SA.-Jüngling und Fürsorgezögling bezeichnete seinen Bruder als unverbesserlichen Kommunisten und gab seinem Begleiter das Stichwort, über diesen herzufallen. Von 3 Schüssen durchbohrt blieb der Arbeiter Julius Henning auf der Straße liegen. (So geschehen am 5. Juli 1933 in der Deweerthstraße in Elberfeld.)

In diesem Milieu der geistigen Primitivität war natürlich jeder Intellektualismus als artfremd und zersetzend verbannt. Aus dieser Dschungel-Athmosphäre, die geschwängert war von Feme-Mordlust, Judenpogromhetze und Marxistenhaß, kamen die Hilgers, Schmidt, Bläsing usw. die Wachmannschaft der Kemna.

Aus der Masse der Wuppertaler SA. wurden die brutalsten, hemmungslosesten Schläger-Naturen für den Dienst in der Kemna ausgesucht. Durch die örtliche Herkunft der Wachleute kam ein besonderes Moment auf, wodurch sich die Kemna wesentlich von anderen Konzentrationslägern unterscheidet. In allen Lägern war die Wachmannschaft von allerorts zusammengewürfelt und sah in den Häftlingen eine anonyme unterschiedslose Masse, die wohl von ihnen malträtiert und schikaniert wurde — aber mehr handwerksmäßig, unpersönlich-geschäftlich. Bei der SA. in der Kemna war das anders. Hier kam ein starkes persönliches Moment hinzu. SA.-Mannschaft und Häftlinge kannten sich persönlich, großenteils aus politischen Auseinandersetzungen. In den Häftlingen sahen die Wachleute nicht nur die von der Staatsführung deklarierten Schädlinge, die von staatswegen ausgerottet werden muß en, sondern auch den verhaßten persönlichen Gegner, der ihnen auf der Straße manchen Abbruch getan hatte, oder der ihnen in geschäftlicher Beziehung ein lästiger Konkurrent war. Mancher hatte schon von irgendeinem Arbeiter eine gründliche Abfuhr erhalten, ein anderer neidete einem Geschäftsmann sein florierendes Unternehmen. Alle diese persönlichen Motive kamen zum Ausbruch, konnten nun abreagiert werden. So mancher alte private Haß konnte ausgegraben und an Wehrlosen abgetragen werden. Die minderwertigsten Menschenexemplare konnten jetzt ungehemmt ihr „persönliches Mütchen" kühlen.

Hinzu kommt noch ein Moment, das berücksichtigt werden muß, um die in der Kemna begangenen unmenschlichen Scheußlichkeiten begreifen zu können. Ein Teil der Kemna-Wachmannschaft ist nur pathologisch zu verstehen. Ein Mensch, bzw. Unmensch wie Paul Schmidt ist in seinen menschlich schier unbegreiflichen Handlungen nur unter Brücksichtigung einer krankhaften sadistischen Veranlagung zu erfassen. Die meisten dieser Burschen waren innerlich verbogen, teilweise mit einer verirrten Sexualität. Die verschiedensten anomalen verdrängten Komplexe konnten sich abreagieren. D. h. nun keinesfalls, daß die damit behafteten Naturen nicht im vollen Umfang für ihre Untaten verantwortlich gemacht werden konnten. Ihr Verbrechen bestand darin, daß sie menschliche Anomalitäten, deren Elemente in jedem Menschen mehr oder weniger unbewußt vorhanden sind, bewußt werden ließen, hemmungslos freien Lauf gaben und sich austoben ließen. Im Bereiche des Intellekts waren diese Burschen wohl äußerst primitiv, jedoch voll zurechnungsfähig. Ohne die Verantwortlichkeit und Strafwürdigkeit der höheren Führung zu mildern, kann den Untätern keine Milderung zugebilligt werden, weder im Hinblick auf ihren pathologischen Zustand, noch im Hinblick auf von oben angeordnete Befehle, denn sie sind diesen mit zu großer innerer Bereitschaft und Freude entgegengekommen und haben den von oben erhaltenen Freibrief zu zügellos ausgenutzt.

In den Jahren vor 1933 waren sie mit ihren braunen Uniformen heimlich nach Hause geschlichen, weil sie den begründeten Abscheu der Bevölkerung fürchteten, von der sie als Büttel eines verhaßten Systems und Abtrünnige des werktätigen Volkes gebrandmarkt wurden. In der Kemna erhielten sie wehrlose Opfer zugeworfen, an denen sie ihr geknicktes Selbstbewußtsein durch „Heldenuntaten" wieder aufrichten konnten.

VI.

Zwischen zwei Bergen im Wuppertal.

Die Stelle, wo das Konzentrationslager in der stillgelegten Putzwollefabrik eingerichtet wurde, entbehrt nicht des landschaftlichen Reizes. Das Fabrikgelände grenzt auf der einen Seite an die Wupper, auf der anderen Seite an die Landstraße und Eisenbahnlinie Barmen-Beyenburg. Unmittelbar am Rande der Straße und am anderen Ufer der Wupper steigen die bewaldeten Höhen des Bergischen Landes an. Diese landschaftliche Umgebung war recht dazu angetan, durch den dauernden Ausblick auf die Heimatberge, das Gefühl der Freiheitsberaubung bei den gefangenen Insassen wachzuhalten und das Freiheitssehnen zu verstärken.

Das Gebäude selbst war ein dreistöckiger Fabrikbau nebst zwei aneinanderliegenden Hallen mit Shed-Dach. In dem Fabrikbau war ebenerdig der Aufnahmeraum, die Wachstube, das Geschäftszimmer und die Küche eingerichtet. Im 1. Stock war der Unterkunftsraum der Wachmannschaft. Im 2. und 3. Stock waren dann die Säle 3 und 4 für die Schutzhäftlinge. Die beiden Hallen wurden als Saal 1 und 2 bezeichnet. Die Säle 3 und 4 waren teilweise mit dreistöckigen primitiven Holz- und Eisenbettstellen eingerichtet. In den Sälen 1 und 2 mußten die meisten Insassen mit einem mangelhaften Strohsack auf der Erde liegen. Decken waren zuerst garnicht vorhanden und wurden später, bei Einbruch der kalten Jahreszeit, in beschränktem Umfang ausgegeben.

Alle sanitären und hygienischen Verhältnisse, sofern man von solchen überhaupt sprechen kann, waren denkbar primitiv. Eine geregelte Krankenbetreuung gab es überhaupt nicht. Die besonderen Umstände ließ eine ordentliche Reinigung der Räume nicht zu. Außerdem wurden auch keine entsprechenden Geräte dafür zur Verfügung gestellt. Eine Körperreinigung konnte nur an wenigen Wasserhähnen ausgeführt werden, die bei der großen

Zahl der Insassen längst nicht ausreichten und die dauernd von einer sich drängenden und schiebenden Menge umlagert waren.

Das allgemeine öffentliche Baden in der Wupper diente weniger dem Reinigungszweck (im Gegenteil, indem eine Menge Menschen in den Fluß getrieben wurde, wurde der Grund aufgewühlt und es entstand eine schmutzig-graue Brühe), sondern war vielmehr eine zusätzliche Schikane — besonders als die Jahreszeit schon weiter vorgeschritten war und sich schon Eis am Flußrand bildete. Für die Wachmannschaft war es ein besonderes Gaudium, die frierenden, entkräfteten Häftlinge in das eiskalte Wasser zu treiben. Sauberer ist von diesem Baden niemand geworden — nur zu mancher soliden Lungenentzündung wurde hier der Grund gelegt. Das Wäschewaschen wurde auch mit dem kalten Wupperwasser durchgeführt, wobei fehlende Seife und heißes Wasser durch desto kräftigeres Reiben und Wringen ersetzt werden mußte — eine Prozedur, für die an sich schon fadenscheinige Wäsche, die ihre Haltbarkeit keineswegs erhöhte.

Ebenso primitiv, menschenunwürdig und mangelhaft wie die erwähnten Lebensbedingungen in Bezug auf Unterbringung, Reinlichkeit usw. war auch die Ernährung. Das warme Mittagessen war gewöhnlich ein unschmackhafter Fraß aus Kartoffeln mit Kohl oder Nudeln. Dazu gab es täglich eine Portion trockenes Brot und ab und zu abends eine undefinierbare muffige Suppe aus irgendwelchen verdorbenen Restbeständen von Grütze und Graupen, wodurch irgendein PG-Lebensmittelhändler durch seine Parteibeziehung die unverkäuflichen verschimmelten Vorräte für gutes Geld noch an den Mann brachte. Wie ja überhaupt die ganze Wirtschaftsführung des Lagers eine einzige stinkende Korruptionskloake war. So wurden z. B. spezifizierte Listen geführt, in denen jeder Häftling mit der Anzahl seiner Hafttage der Gemeinde, in der er beheimatet war, verrechnet wurde. So mußten die Gemeinden pro Häftling und pro Hafttag je 1.50 Mk. zahlen. Dagegen errechneten sich die tatsächlichen Unkosten mit Unterbringung, Verpflegung, Verwaltungskosten usw. vielleicht auf höchstens 40 - 50 Pfg. Fürwahr, ein einträgliches

Geschäft für die Lagerführung — der Herr Hilgers gedieh augenscheinlich dabei: Natürlich wurde auch die brave Wachmannschaft bei dem Geschäft nicht ganz vergessen und bekam ab und zu ein Faß Bier spendiert, wodurch sie dann wieder zu neuen Exzessen angefeuert wurde.

Bei der Schilderung des Speisezettels soll jedoch nicht übersehen werden, daß gelegentlich in zuvorkommender Weise von der höchsten Staats-, wie der örtlichen Lagerführung, für Abwechslung gesorgt wurde — durch das Einschieben von Fasttagen. Da war z. B. am 1. März auf dem Tempelhofer Feld eine Gedenkeiche gepflanzt worden, die eines Nachts umgesägt war. Da man der Täter nicht habhaft werden konnte, fällte der oberste Polizeiherr Göring den salomonischen Spruch, daß allen K. Z.-Häftlingen in Deutschland für einen Tag das Essen entzogen wurde (die Arbeit mußte aber ohne Mahlzeit fortgesetzt werden). Hiervon wurden natürlich die Kemna-Insassen auch betroffen. Für den kleinen Göring Wuppertals, Willi Veller, war dies das Stichwort, nun auch seinerseits in die Fußstapfen seines Herrn und Meisters zu treten. Als einige Tage darauf in Wuppertal Flugblätter erschienen, die das Verbrechen in der Kemna anprangerten und deren Herausgeber man nicht habhaft werden konnte, ordnete der Polizeipräsident Veller für alle Insassen 3 Tage Essenentzug an. Das ließ nun wieder dem Kommandanten Hilgers keine Ruhe. Er wollte auch von seinen Machtvollkommenheiten nach diesen großen Vorbildern Gebrauch machen. Er diktierte einfach, im Lager würde eine Meuterei vorbereitet und ordnete seinerseits als Repressalie ab und zu einen Tag Essenentzug an.

VII.
Die Insassen.

In der Stadt Wuppertal wurde das Gerücht ausgestreut, die Insassen des Konzentrationslagers Kemna seien gemeingefährliche kriminelle Subjekte, die dort im Interesse der öffentlichen Sicherheit und Ordnung inhaftiert seien. Durch diese Diffamierung wollte man die öffentliche Meinung ablenken und den wahren Charakter des Lagers als eine Folterhölle für politische Gegner verdecken. Es wurden auch mit der Zeit einige undurchsichtige Elemente eingeliefert — aber mit der bewußten Absicht, durch diese einen Unsicherheits- und Zersetzungsfaktor in die geschlossene Front der Überzahl der politischen Häftlinge zu bringen. Die Inhaftierung erfolgte im Allgemeinen nach ganz willkürlichen Gesichtspunkten der politischen oder persönlichen Gegnerschaft. Die Mehrzahl der Insassen waren mißbeliebige kommunistische und sozialdemokratische Arbeiter, die als konsequente Vertreter ihrer Anschauung von den machtrauschbesessenen Nazi-Größen ihres Stadtteils denunziert und in Schutzhaft genommen waren. Hinzu kam eine Menge von Personen, die an sich mit irgendwelchen politischen Dingen wenig Berührung hatten, die aber bei den Partei-Diktatoren der Stadt aus irgendeinem persönlichen Grunde unbeliebt waren. So hatte mal jemand in früheren Tagen den SA.-Führer Veller als das bezeichnet, was er wirklich war: einen randalierenden Saufhelden. Grund genug für den nunmehrigen Polizeipräsidenten, diesen Mann kurzerhand in die Kemna einliefern zu lassen. Andere Personen waren so unvorsichtig gewesen und hatten dem Anführer der nationalsozialistischen Pinkerton-Garde, dem Gaubetriebsobmann Heini Bangert zu deutlich ihre Meinung gesagt. Das rächte sich jetzt bitter!

Selbstverständlich hatte man die örtlichen Führer der Arbeiterschaft sogleich nach dem 30. Januar, soweit man ihrer habhaft werden konnte, verhaftet und überführte sie jetzt nach der Eröffnung des Lagers in die Kemna, nachdem sie schon seit

Januar - Februar ohne jedes Gerichtsurteil und ohne jede Anklage in verschiedene Anstalten (Bendahl, Anrath, Lüttringhausen, Polizeigefängnis Bachstr. und von der Heydtgasse usw.) gesessen hatten.

Besonders abgesehen hatte man es auch auf die sogenannten „Bonzen", d. h. führende sozialdemokratische Männer aus Verwaltung, Partei und Gewerkschaft. Dieser Jagd fiel natürlich der sozialdemokratische Parteivorstand mit August Christmann, Emil Quitzau und der betagte Oskar Hoffmann zum Opfer. Der Redakteur der „Freien Presse", Oskar Hoffmann, hatte ein besonderes Martyrium durchzumachen. Schon sein Empfang im Lager war für die SA ein Freudenfest. Sie umtanzten den alten Mann mit wahrem Triumphgeheul wie eine Indianerhorde ihren Gefangenen am Marterpfahl. Das ehrwürdige Aussehen Hoffmanns durch seinen breiten Bart und großen schwarzen Hut gab ihnen den Anlaß, ihn als „Pastor Hoffmann" zu ironisieren. Dieser Bart bot ihnen willkommenen Anlaß zu einer besonderen Schikane: Vom Schnurrbart wurde ihm die linke Hälfte, vom Backenbart die rechte Hälfte abgeschnitten. Durch das graue Haupthaar zogen sie mit einer Maschine eine Längsfurche von der Stirn bis zum Nacken. Hier auch eine Episode, die die sadistische Ironie des Paul Schmidt treffend charakterisiert: Nachdem man den alten Hoffmann auf die erdenklichste Art und Weise gequält und ihn in den berüchtigten, noch zu erwähnenden Aufzug gesperrt hatte, nahm sich „Paulchen Schmidt" seiner besonders an und wünschte ihm jeden Morgen mit ironischer Verbeugung und Abziehen seiner SA-Mütze: „Guten Morgen, Oskar!" Darauf verachtungsvolles Schweigen Hoffmanns. Schmidt wieder (drohend) „Guten Morgen, Oskar! Ich heiße Paul." Gepreßt kam ein „Guten Morgen, Paul!" hervor. Beim nächstenmal sagte der Quälgeist: Guten Morgen, mein lieber Oskar!" und ruhte nicht eher bis er zur Antwort ein gequältes: „Guten Morgen, mein lieber Paul!" herausgepreßt hatte.

Sozialisten in führenden städtischen Positionen waren den neuen Machthabern ja ein besonderer Dorn im Auge; so konnte es nicht ausbleiben, daß auch der Arbeitsamtdirektor Willi

Bökenkrüger, jetziger Arbeitsminister von Rheinland-Pfalz, der Krankenkassendirektor Willi Enz nebst Sohn und die Betriebsräte der Wuppertaler Bahnen Fritz Senger und Adolf Mann zu den Insassen der Kemna zählten. Auch das Reichsbanner „Schwarz-Rot-Gold" war eine von den Nazis gehaßte Organisation, von dem man sich manche unbequeme Person holte. So den Düsseldorfer Leiter Georg Petersdorf, genannt der „eiserne Schorch", jetziger Vertriebsleiter des Rhein-Echo, und den Wuppertaler Leiter Willi Hohmann.

Auf demokratische Polizeibeamte machten die Nazi-Usurpatoren eine äußerst scharfe Jagd, der auch der Polizeimajor Balke von Düsseldorf zum Opfer fiel. Ebenso der Leiter des Schrader-Verbandes (demokratischer Beamten-Verband) Fritz Schulte, unser heutiger Polizeichef von Wuppertal. Ein Opfer seines Dienstes wurde auch der Kriminalbeamte Johannes Pauli, der für die Nazis unangenehme Feststellungen über verschiedene Mordaffären und Schießereien gemacht hatte — das wurde ihm nun zum Verhängnis. In der Kemna konnte er über die Zusammenhänge von Morden im Allgemeinen, und wenn diese von uniformierten SA.-Leuten ausgeführt werden, nachdenken. Besonders tragisch gestaltete sich der Fall des Polizeibeamten Paul Guse, der von der Kemna mit einem entsprechendem Vermerk in das Emsland-Lager Neusustrum verschleppt und dort umgebracht wurde. Der Polizeiinspektor Niermann wurde deshalb inhaftiert, weil er Veller einmal vor seiner Ernennung zum Polizeipräsidenten verhaften ließ, als dieser in betrunkenem Zustand in eine Menschenmenge schoß.

Den schlimmsten Peinigungen waren die bekanntesten kommunistischen Funktionäre ausgesetzt. Als der Organisationsleiter der KPD. Wuppertal, Otto Böhne, eingeliefert wurde, erklärten ihm die SA.-Burschen ganz offen und zynisch: „Du kommst hier nicht mehr lebend heraus, dich machen wir hier kaputt!" Otto Böhne mußte in der Kemna Unmenschliches erdulden. Langsam, systematisch, unerbittlich mit Überlegung und Absicht wurde er zu Tode gequält. Dabei nahm er noch

Prügel auf sich, die anderen zugedacht waren, wie der Polizeioberinspektor Karl Niermann bei seiner Zeugenaussage im Kemna-Prozeß bekundete. In furchtbar zugerichtetem Zustand, schon wochenlang Blut im Urin, wurde Otto Böhne im Januar 1934 in das Emsland-Moor verschickt, wo er am 25. Februar 1934 an den Folgen der in der Kemna erlittenen Mißhandlungen verstorben ist.

Eine Sensation für die Wachmannschaft war die Einlieferung des Zentrums-Abgeordneten und früheren preußischen Wohlfahrtsministers Hirtsiefer. Dieser war von der SA. in Essen verhaftet und mit aufgespanntem Regenschirm und einem Schild mit entsprechendem Text um den Hals durch die Straßen geführt worden. Die Wachmannschaft in der Kemna wurde gegen ihn als einen ehemaligen „gefährlichen Bonzen" aufgeputscht und diese gestaltete seine Anwesenheit im Lager zu einem wahren Martyrium. Mit besonderer Lust jagte man ihn bei Einbruch des Herbstes in die kalte Wupper und überschüttete ihn dabei mit Eimer eiskalten Wassers. Da er von Beruf Schlosser war, wurde er an den Schmiedeofen der Lagerschlosserei gestellt und dort als eine Art Zirkussensation und Wundertier bestaunt. Besuchern in der Gestalt von auswärtigen SA.-Führern wurde Hirtsiefer als eine „Lagerkostbarkeit" vorgeführt.

Eine bei den Nazis ebenso verhaßte Persönlichkeit war der kommunistische Landtags- und Stadtverordnete Willi Spicher, der darüber folgendes berichtet:

Schon bei der Einlieferung in das Konzentrationslager fielen die SA.-Leute unter dem Kommando ihrer Truppführer in der bestialischsten Weise über uns her. Mit Fußtritten, Stock- und Peitschenschlägen trieben sie die politischen Häftlinge in die hinter dem Lager fließende Wupper. Dann mußten wir auf Knien und Ellenbogen durch Haufen von Schlacken und Scherben kriechen. Währenddem standen auf einer schmalen Brücke die SA.-Leute mit Maschinen-Pistolen. Dann wurden wir wieder in die Wupper getrieben, um uns das Blut und den Dreck abzuwaschen.

Nach dieser Prozedur wurden wir mit etwa 20-25 Mann in einen kleinen sogenannten Bunker gesperrt, inwelchem allerhöchstens 5 Mann sich bewegen konnten. Die Luft in diesem

Bunker war so verbraucht, daß der Niederschlag von dem Atem an den Wänden und auf dem Fußboden zusammenlief und bei den Häftlingen teilweise große Atemnot in Erscheinung trat. In der darauf folgenden Nacht wurden einzelne Häftlinge aus dem Bunker herausgeholt und auf des Schwerste mißhandelt. Die gellenden Schreie der Mißhandelten drangen durch das ganze Lager. Am anderen Morgen wurden wir wieder in das eiskalte Wasser der Wupper getrieben, um Steine aus der Wupper herauszuholen.

Später kamen dann alle aus dem Bunker heraus, nur ich blieb noch etwa 4-5 Tage und Nächte in dem Bunker, um zwischendurch zu sogenannten Verhören auf die Wachstube geholt zu werden. Bei diesen Verhören waren immer 5-6, manchmal auch mehr Wachmannschaften und Wachführer zugegen, die abwechselnd mit Stöcken, Peitschen und Pistolenknäufen auf die Häftlinge einschlugen. Ich selbst bin wiederholt verhört und mißhandelt worden. Hierbei taten sich insbesondere die Truppführer Grafe, Schmidt, Kappel und Maikranz sowie die Gestapoleute Breer und Pedrotti hervor. Fußtritte und Faustschläge gab es dann dazwischen unzählige. Man vergnügte sich insbesondere damit, blaue Augen zu schlagen. Der Truppführer Schmidt bedrohte mich verschiedene Male mit Erschießen, indem er mir den Lauf der Pistole an den Mund hielt.

Eines Tages wurde ein Kommando zusammengestellt, das in den Abwässern der Kläranlagen von Remscheid nach Waffen suchen sollte. Ein furchtbar mißhandelter Häftling sollte diese Angaben gemacht haben. Wir fuhren mit einem Auto nach Remscheid zur Uhlandstraße, dort mußten wir aus dem Auto steigen und uns in der glühenden Sonne etwa 3-4 Stunden mit dem Gesicht gegen die Mauer aufstellen. Während dieser Zeit wurden andere Häftlinge mit einem anderen Auto fortgefahren, um angeblich Waffen aus den Wohnungen zu holen. Dann fuhren wir zu den Kläranlagen und wurden bis über den Gürtel in die Schlamm- und Abwässerteiche getrieben. Auf dem Wasser schwammen Kadaver von Katzen und es herrschte ein unerträglicher Gestank. Dann mußten wir kreuz und quer durch die Kläranlagen und durch die Schlammteiche gehen und immer mit den Händen in den Schlamm fassen, um dort nach den angeblich vorhandenen Waffen zu suchen. Dabei mußten wir uns so tief herab beugen, daß wir oft mit dem Gesicht bis in den Schlamm hineinkamen. Die SA.-Leute unter der Führung des Truppführers Bläsing standen mit entsicherter Pistole am Rande der Kläranlage und bedrohten uns mit Erschießen, wenn wir den Schlamm nicht genügend aufwühlten. Des Weges kommende Leute sahen in etwa 100 m Entfernung dem Trauerspiel zu. Die SA.-Leute bedrohten die Fußgänger mit ihren Pistolen und gaben einige Salven in Richtung der Fußgänger ab. Bei dieser Gelegenheit wurde ein Kind tödlich getroffen.

Nachdem wir stundenlang vergeblich in dem Schlamm herumgewühlt hatten, wurden wir wieder zur Uhlandstraße (Polizeipräsidium) geführt, mußten in der Abendkühle, durchnäßt, an der Wand stehen und kamen in der späten Nacht in das Lager zurück. Da die Waffensuchaktion vergeblich verlaufen war, wurde der politische Häftling wieder aus dem berüchtigten Hundezwinger unter der Treppe hervorgeholt und „verhört". In diesem Hundezwinger konnte kein Mensch aufrecht stehen. Die zusammengeschlagenen Leute wurden in diesen Verschlag hineingetreten und später an den Füßen herausgezogen. Ein Häftling, Theo Deiß aus Solingen-Wald, war so schwer mißhandelt worden, daß wir glaubten, daß er in dem Verschlag sterben würde. Abraham Trappmann aus Wuppertal-Elberfeld war so schwer mißhandelt worden, daß wir seinen Tod erwarteten.

Jede Nacht wurden Häftlinge aus den Sälen von ihren Strohsäcken hochgetrieben und zum Verhör geholt. Die furchtbaren Schreie peitschten die Nerven der anderen Häftlinge die ganze Nacht. Jeder wartete jede Minute darauf, ebenfalls zum Verhör geholt zu werden. Man bot uns bei diesen Verhören mit Staufferfett beschmierte Salzheringe, sogenannte „Kemnaschnittchen", an. Jeder der sich weigerte, wurde blutig geschlagen. Manche erbrachen die Stücke Hering, die ihnen durch die Mißhandlungen hineingezwungen waren und wurden aufgefordert, diese ausgebrochenen Stücke noch einmal zu essen. Eine andere beliebte Methode bestand darin, solche Häftlinge, die mit Salzheringen gefüttert worden waren, in ein kleines Eisenspind, in das normalerweise kein Mann paßte, hineinzupressen und zu treten, die Türe zu schließen und dann Tabakrauch hineinzublasen. Wenn dann die Tür geöffnet wurde, fielen die Häftlinge heraus. Ein Häftling, Emil Hirsch, früher Inhaber des Damenmoden-Geschäftes Fleischhacker, Elberfeld, mußte diese Prozedur ebenfalls über sich ergehen lassen.

Die Gefangenen waren durch die ständigen Bedrohungen und Mißhandlungen so deprimiert, daß viele von ihnen Selbstmordversuche unternahmen. Wenn die Mißhandlungen am Tage stattfanden, mußte ein sogenannter Gesangverein antreten und laut singen, damit das Geschrei der Mißhandelten übertönt wurde.

Die Passanten wurden, wenn ihr Weg in der Nähe des Lagers vorbeiführte, durch Gewehr- und Pistolenschüsse verscheucht. Neben den oben genannten taten sich die SA.-Truppführer Gebrüder Kleinbeck, Weischet und Feußner (der inzwischen von seinen eigenen Kameraden erstochen wurde) noch besonders hervor.

Ich betone zum Schluß, daß ich persönlich in dem Konzentrationslager Kemna öfters und schwerstens mißhandelt wurde. Die „Verhöre" waren so gefürchtet, daß beispielsweise ein Häftling mit Namen Reis aus Elberfeld, als er zum Verhör geholt werden sollte, aus dem Fenster des 3. Stocks heraus auf den Platz in einen Haufen Eisenträger sprang, wo er mit gebrochenen Gliedern und schweren inneren Verletzungen liegen blieb. Trotzdem versuchte man aus dem Manne in diesem Zustand noch Geständnisse herauszuholen."

Der Verkehrsinspektor der Wuppertaler Bahnen, Adolf Mann, berichtet:

„Es war am Freitagmorgen des 15. August 1933. Das Gerücht, das die Nazis auf der Barmer Straßenbahn verbreitet hatten, wurde wahr: Die Schergen der Gestapo suchten mich. Mit einem Polizei-Wachtmeister vom Polizei-Revier Heckinghausen und vorgehaltener Pistole drangen SS.- und SA.-Leute in meine

Wohnung ein. Nachdem meine Frau durch diese Aufregung einen Nervenanfall bekam, schleppte man mich auf einem Überfallwagen der Polizei zum Kleinen Werth in das Polizei-Gefängnis.

Von Franz Pedrotti wurde ich in ein kleines Zimmer gesperrt. Dieser brachte mich nach einiger Zeit zu seinem Bruder, Eugen Pedrotti, der mich wie ein abgerichteter Schweißhund beschnüffelte und behandelte. Dann gab er den Befehl, ich sollte zur Kemna überführt werden.

Auf dem Wege zum Wagen erhob ich Protest und verlangte, daß ich sofort vernommen würde. Darauf sagte Pedrotti zu mir: „Halt den Mund, siehst du nicht die SS.-Leute auf den Korridoren herumlaufen?" Es stimmte. Es liefen nähmlich 20 - 30 SS- und SA-Leute durch das Haus mit angelegtem Sturmriemen und in der Hand den Gummiknüppel, jeden Augenblick gewärtig, sich auf den nächsten besten zu stürzen und ihn dann mit diesen Schlaginstrumenten zu bearbeiten. Ich sah das ein und schwieg.

Auf den Transportwagen kam noch ein Mann, der mit einem Reichsbannerhemd bekleidet war. Trotz des Sprechverbotes fragte ich diesen: „Was sollst du denn ausgefressen haben?"

„Man sucht jemanden, der auf Emmes Veller ein Bombenattentat gemacht haben soll und das soll ich gewesen sein!" Ich meinte, ob der klägliche Hanswurst von Veller sich auf solche Art in Wuppertal berühmt machen wolle, brach dann aber die Unterhaltung ab, weil die uns begleitende SS. schon aufmerksam wurde.

Als ich im Konzentrationslager Kemna ankam, wurde ich dem SA.-Mann Maikranz vorgeführt. Man nahm mir meine Uhr weg, die ich nie wieder sah, ebenfalls Mütze und Rock, so daß ich nur mit Hose und Hemd bekleidet war. Im Korridor standen 13 Mann mit dem Gesicht zur Wand und erhobenen Händen. Ich mußte mich nach Feststellung der Personalien ebenfalls dazu stellen und habe in dieser Stellung ungefähr eine Stunde ausharren müssen.

Dann wurden wir durch den Saal geführt, es ging eine Eisentreppe hinauf und dann in einen vollkommen dunklen Raum, in den wir eingesperrt wurden. Dieser Raum war früher ein Fabrikraum gewesen. Die Fensterscheiben waren schwarz geteert. In der über uns befindlichen Etage befanden sich keine Böden mehr, sondern nur noch die Balken und hier und da lag noch ein Brett darüber. In einer Ecke stand eine Leiter, die nach oben führte. Das alles habe ich im Dunklen abgetastet. Eine Austrittsmöglichkeit war nicht vorhanden. Als sich das Auge so nach und nach an die Dunkelheit gewöhnt hatte, musterte ich meine Leidensgenossen, fand aber keinen Bekannten darunter.

Plötzlich ging die Tür auf und der SA.-Mann Schmidt betrat mit einem Gummiknüppel in der Hand den Raum und brachte den Willi Spicher mit, der von einer Vernehmung kam. Da ich dem Nazi Schmidt am nächsten stand, behauptete dieser, ich hätte die Hände in der Hosentasche gehabt; am nächsten Tag solle ich mich bei ihm melden, mit abgeschnittenem Haar und zugenähten Taschen. Man verlangte nämlich von uns, daß wir uns vor die SA.-Leute in strammer Haltung hinstellen.

Als dann die Eisentür wieder verschlossen war, begrüßte ich Willi Spicher und er flüsterte mir zu, ich solle vorsichtig sein, denn es wimmelte und kribbelte im Lager vor Spitzel. Dann beschäftigte sich Spicher mit anderen ihm bekannten Gefangenen. Einige Zeit später wurde die Tür wieder aufgerissen und wir standen alle in gerader Haltung. Jetzt brachte man Fritz Senger, Oskar Hoffmann, Robert Möhring und Fritz Wolters. Mein Freund Fritz Senger meinte: „Was, bist du denn auch schon da?" „Na, ja", sagte ich, „wenn du schon kommst, muß ich dir ja Gesellschaft leisten. Bin ja neugierig, was die braune Bande von uns will."

Jeder war nun mit seinen eigenen Gedanken beschäftigt, denn wir wußten, was jedem einzelnen von uns bevorstand. Es lagen 20 Strohsäcke, vollkommen verdreckt, auf dem Fußboden. In Lethargie, im Grübeln und Nachdenken lagen und hockten die Gefangenen umher. Ich suchte nun eine Austrittmöglichkeit, nahm einen Stein, den ich aus der Mauer herausgekrabbelt hatte, und schlug damit ein rundes Loch in die untere Ecke der Fensterscheibe, das gerade ausreichte, um einen Finger hineinzulegen. Ich stellte fest, daß sich darunter ein Holzschuppen befinden mußte, mit einem Teerdach versehen. Da ich es aber nicht mehr aushalten konnte, machte ich dort vorsichtig mein Bedürfnis. Es wurden noch mehr Klagen laut und ich zeigte den Kameraden dort die Möglichkeit, ihr Geschäft zu erledigen. Dabei schärfte ich ihnen allergrößte Vorsicht ein, damit die Nazis, die dort vorbeigingen, nichts merken sollten.

Mittlerweile war es im angrenzenden Saal ruhig geworden und es trat im Raum Stille ein. Ich lag allein auf dem Balken, auf dem Strohsack. Trotzdem es uns allen fror, mußten wir eingeschlafen sein. Durch ein Geräusch erwachte ich plötzlich. Mir war es so, als wenn sich unter mir der Raum geleert hätte. Ich kletterte herunter und befühlte die Matratzen — tatsächlich sie waren leer. Ich kletterte wieder zurück auf die Balken und und setzte mich auf meinen Strohsack. Plötzlich hörte ich einige Gewehrschüsse fallen. Na, dachte ich, geht das Umlegen schon jetzt los und war gespannt der Dinge, die nun kommen sollten. Nach einer Zeit ungeduldigen Wartens öffnete sich unten wieder die Tür. Ein Lichtschein brach herein und im Schein dieser Laterne sah ich meine Kameraden hereinstürzen, vollkommen durchnäßt. Mein Freund Senger fragte mich: „Mensch, bist du denn hiergeblieben?" „Ja", sagte ich, „ich habe es nicht so eilig wie du". Wir konnten uns aber nicht unterhalten, da wir die Spitzel befürchteten. Die Kameraden waren alle pudelnaß. Ich zog meine Unterhose aus und gab sie Fritz Senger, der sich damit abtrocknete. Wir wrangen die Kleider aus und er zog sie in diesem Zustand wieder an. Ich fragte ihn, was denn vorgefallen sei. Sie hätten herausgemußt, antreten, und man hätte zu 18 abgezählt und das hätte gestimmt und dann seien sie in die Wupper gejagt worden, um Steine aus der Wupper zu holen. Damit nun auch ordentlich getaucht wurde, habe die SA. über die Wasserfläche der Wupper geschossen.

Na, da hatte ich mal wieder Dusel gehabt. Ich war etwa wieder im Einschlafen begriffen, als das Gepolter und die Brüllerei unter mir noch einmal losging. So schnell ich konnte, kroch ich über die Balken zur Leiter und dann herunter, aber als ich zur Eisentür kam, wurde sie gerade abgeschlossen und alles war wieder draußen. Dort ging die von Senger zuvor geschilderte Prozedur noch einmal los, noch gründlicher, und nach bangem Warten kamen meine Leidensgenossen wieder herein in demselben Zustand wie vordem. Auch diesmal war es ohne Tote abgegangen. Fußtritte und Kolbenhiebe werden dabei wohl nicht besonders erwähnt sein, weil sie zur Tagesordnung gehörten.

Allgemein wunderte man sich, daß ich auch diesmal mit einem blauen Auge davongekommen war.

Da die Kameraden wieder vor Nässe trieften, war ich inzwischen durch die zusammengedrängte Stellung ebenfalls naß geworden. Mit dem Schlafen war es vorbei, zumal ja auch die Aufregung des Erlebten nachwirkte.

Die Türe wurde wieder geöffnet und herein traten Bläsing und Schmidt und holten Oskar Hoffmann heraus. Nach einiger Zeit, ich denke so ca. 2-3 Stunden, kamen diese wieder und brachten Oskar Hoffmann wieder mit. Man rief uns alle nach vorne und stellte uns Hoffmann im Schein der Sturmlaterne vor, mit den Worten: „Na, kennt ihr euren Oberbonzen wieder?" Oskar Hoffmann war damals schon über 60 Jahre alt. Er trug einen Vollbart und lange Haare. Jetzt hatte man ihm Furchen durch das Haar geschnitten, so daß er von uns kaum wiederzuerkennen war. Was sonst noch mit Hoffmann geschehen war, weiß ich nicht, nur erinnere ich mich, daß Hoffmann innerlich vollkommen zusammengebrochen war und auf seinem Strohsack mit dem Gesicht zur Erde lag. Ich verstand es damals noch nicht — aber einige Tage später konnte ich es verstehen.

Am nächsten Tag bekamen wir alle die Haare geschnitten. Ich mußte meine Taschen zunähen und mich bei Schmidt melden. Unsere Kleider waren mittlerweile am Leibe trocken geworden. Die Srohsäcke hatten wir herumgedreht und so recht und schlecht uns auf die noch etwas feuchte Seite zum Ruhen niedergelegt. Der Aufenthalt hier dauerte drei Tage. Zu Essen gab es in diesen drei Tagen nichts.

Es war an einem Samstagabend, wir horchten an der Tür Da war im Saal ein großes Durcheinander, Aufregung, Stimmengewirr usw. Soviel wir aus dem Stimmengewirr entnehmen konnten, hatten die Nazis den Gefangenen im Saal einen Mann vorgeführt; sie nannten ihn Bubi aus Remscheid und behaupteten, dieser hätte sich an die Frauen der in der Kemna befindlichen Gefangenen herangemacht, bei den Frauen sich als Polizeipräsident von Remscheid vorgestellt und hätte ihnen zu verstehen gegeben, er würde ihre gefangenen Männer freigeben, wenn sie ihm gefällig wären.

Nun übergaben die Nazis diesen Mann den Gefangenen und sagten ihnen, sie könnten mit ihm machen, was sie wollten. Ein großer Teil der Gefangenen war entrüstet und es schien so, als wenn sie sich auf den Mann stürzen wollten. Da meldete sich jemand und wie ich später erfuhr, war es ein Lehrer der Freien Schule in Remscheid. Er sagte ungefähr folgendes: „Kameraden, es steht uns nicht an, Lynchjustiz zu üben. Wenn der Mann sich irgendwie vergangen hat, so ist es Aufgabe der bürgerlichen Gerichte, diesen Mann zur Verantwortung zu ziehen. Wir sind nicht in der Lage, die uns hier gemachten Angaben zu überprüfen."

Es wurde dann allgemein ruhig. Im Saal wurde, wie ich erfuhr, Bubi aus Remscheid abgeführt, und zwar wurde er in ein kleines Loch unterhalb der Treppe im Treppenhaus eingesperrt. Ich bewunderte tatsächlich den Mut, den der Kamerad aus Remscheid in dieser Situation noch aufbrachte, die anderen Kameraden zur Vernunft zu ermahnen.

Wie er diesen hat bezahlen müssen, weiß ich nicht, da die Mißhandlungen zur Gewohnheit wurden und man nicht genau wußte, wer denn nun eigentlich dran war.

Am nächsten Tag hörten wir frühmorgens großes Gepolter Veller hatte eine Razzia in der Holzstraße abgehalten und dort, ohne Federlesen, alle Männer aus den Wohnungen geholt und diese mittels Überfallwagen zur Kemna gebracht. Da waren Leute mit Hemd und Hose, ohne Schuhe und Unterkleider. Man hatte sie aus den Betten geholt.

Während wir nun den Bunker verlassen mußten, bezogen diese ca. 50 Mann, den Bunker parterre, der im äußersten Falle 10 Mann faßte. Im Verlaufe des Tages machte man die Tür auf und warf dieser kompackten Masse 50 Brote hinein und goß ebenfalls einige Eimer Wasser in die Masse mit der Bemerkung, damit sie auch etwas zu trinken hätten.

Ich sprach am gleichen Tage noch mit Georg Petersdorf, genannt der „Eiserne Schorch", früher Führer des Reichsbanners „Schwarz-Rot-Gold" im Bezirk Düsseldorf. Auch er ermahnte mich, größte Vorsicht anzuwenden bei der Unterhaltung, da es dort von Spitzeln wimmelte.

Bei meinem Durchgang durch den Saal 1, der mit Strohsäcken auf der Erde belegt war, stellte ich fest, daß sich im Saal kein Gefangener befand, der überhaupt eine Decke zum Zudecken hatte.

Ferner sah ich Gefangene, deren Kniekehlen blutunterlaufen waren und deren Gesichter ebenfalls unter den Augen blutunterlaufene Flecke zeigten. Man sagte dort ironisch, sie hätten sich gestoßen oder seien gefallen. Des öfteren fragten die SA.-Folterknechte Schmidt und Bläsing ihre Opfer, woher sie diese Flecken hätten, worauf dann prompt die Antwort kam: „Ich bin die Treppe herabgestürzt" oder „ich habe mich gestoßen" usw.

Von dem leider bereits verstorbenen städtischen Betriebsrat Heinrich Kaufmann wurde ich mit nach draußen zur Arbeit genommen. Da Kaufmann Fachmann in Erdarbeiten war, nahm er die bevorzugte Stellung eines Kippmeisters ein. Er beschäftigte mich als seinen Gehilfen. Damit war ich tagsüber mancher unangenehmen Auseinandersetzung mit den Nazis entzogen.

Einmal sah ich Petersdorf in eine vollbeladene Schiebkarre gespannt und mit dieser im Laufschritt über den Platz laufen. Währenddem liefen die SA.-Leute hinter ihm her und trieben ihn mit Gummiknüppeln und Kolbenhieben zu noch größerer Eile. Ebenfalls wurde auch so eine Reihe anderer Gefangener behandelt, deren Namen ich nicht kenne. Wer sich von den Nazis besonders hervorgetan hat, weiß ich nicht — an den Gefangenenmißhandlungen waren alle ohne Ausnahme beteiligt. Selbst der Scharführer

Leibel sagte mir einmal, wenn er nicht mitmache, ginge er selbst hoch.

Mir ist auch bekannt, daß Petersdorf mehrmals vor dem Wecken 150 Eimer Wasser auf der Beyenburger Straße an dem Wasserfall, bloßen Fußes, holen mußte. Dabei führte der Weg über die Eisenbahnschienen und durch den Kleinschlag. Wie nach dieser Tortur die Füße ausgesehen haben, kann sich jeder Mensch selbst denken. Es waren nur noch blutige Fleischklumpen. Trotzdem hielt Petersdorf durch und war uns anderen ein Vorbild, ebenfalls das Verhalten von Willi Spicher.

Kurt Augst, den ich einmal auf dem Klosett antraf, wo er auf der Erde lag und sich heftig erbrach, hatte man gezwungen, Staufferfett zu essen, dabei war er noch mißhandelt worden. Richard Hölterhoff war trotz der größten Gefahr bei Augst und half ihm. Ich sprang auch hinzu, um behilflich zu sein, wurde aber von Hölterhoff strickte angehalten, draußen zu bleiben und aufzupassen, wenn sich SA.-Leute dem Klosett näherten.

Des Nachts spielte das Radio in überlautem Ton die alte Platte „Deutschland, Deutschland über alles". Dazwischen hörten wir Schläge und die Schreie der mißhandelten Gefangenen: „Wir sind unschuldig, wir sind unschuldig!" Man hatte offensichtlich das Radio mit dem überlautem Ton eingeschaltet, damit dieses das Schreien der Gefangenen übertönen sollte. Am nächsten Tage lagen diese blutigen Opfer meistens in dem kleinen Loch unterhalb der Treppe im Erdgeschoß. Die Leute müssen dem Wahnsinn nahe gewesen sein, da den ganzen Tag Gefangene mit ihren Holzschuhen treppauf und treppab liefen.

Ich sah den Gefangenen „Bubi' von Remscheid am Spülstein stehen, als er sich wusch. Ich glaubte, er hätte eine blaue Jacke an und rannte auf ihn zu, um ihn darauf aufmerksam zu machen, die Jacke auszuziehen, da er sonst bei den Nazis Scherereien bekäme, wenn man ihn in Kleidern am Wasserhahn vorfände. Als ich auf 3 Schritte an den Mann herangekommen war, sah ich, daß der Oberkörper blutunterlaufen war.

Eines Tages, es war am 2. September, abends 9 Uhr, rief mich einer der Schließer, der früher im Bendahl beschäftigt gewesen war, dessen Name ich nicht kenne, ihn aber bei der Gegenüberstellung wiedererkennen würde, mit sämtlichem Gepäck heraus, unter dem Vorwand, ich solle entlassen werden. Durch den Umstand, daß ich dem einen Kameraden meine Schuhe und dem anderen meine Unterhosen geliehen hatte, vollzog sich das Packen sehr zeitraubend. Endlich stand ich am Eingang des Saales 1 im Korridor. Ich mußte dort stehen bleiben. Da las ich ein Schild, worauf in Druckschrift geschrieben stand: „Es ist verboten, den Gefangenen Petroleum zu trinken zu geben," als Unterschrift: Veller, Polizeipräsident.

Es war auch ebenfalls Fritz Senger die Nachricht überbracht worden, er solle entlassen werden. Plötzlich tauchte Franz Pedrotti auf und fragte mich, warum ich da stände. Ich antwortete ihm: „Ich soll heute abend entlassen werden, ebenso Fritz Senger." Darauf meinte er: „Mach, daß du hineinkommst und lege dich auf den Sack." Wir hörten in der Treppe schon Poltern, als Fritz Senger herunterkam; da rief Pedrotti, Senger solle obenbleiben.

Wie mir nachher von einem Gefangenen erzählt wurde, hat Pedrotti zu den SA.-Leuten geäußert, gegen uns beide sei das Verfahren noch nicht abgeschlossen, wir müßten noch in der Kemna bleiben. Ein Mitgefangener, der als Schreiber tätig war, hatte aber als Äußerung gehört, daß man für Fritz Senger und mich je einen großen Sack im Auto fertiggelegt habe und daß uns das gleiche Schicksal wie das des bekannten Dr. Meyer bevorstehe. (Bekanntlich wurde der Zahnarzt Dr. Meyer aus Barmen in einen Sack genäht und in die Bever-Talsperre geworfen.) Ich ging dann wieder in den Saal zurück.

Einige Tage später, es war an einem Samstag, tauchte ein Mitglied der Wuppertaler Straßenbahnen, Hermann Diederichs, vom Autobusbetrieb Schönebeck, mit mehreren seiner neu eingetretenen Kumpanen auf. Sie traten in den Saal. Man rief Fritz Senger und mich heraus. Ich stand in unmittelbarer Nähe dieser Gruppe und hörte wie der Diederichs zu Senger sagte: „Pfötchen geben!" Dann spuckte er Senger ins Gesicht. Senger sagte nichts sondern guckte ihn groß an. Man machte einige unflätige Bemerkungen, wie: „Jetzt bist du endlich da, wo wir dich hinhaben wollten, jetzt kommt ihr nicht mehr heraus." Dann traten mehrere SA.-Leute auf diese Gruppe zu, Fritz Senger konnte sich entfernen und durch die Unterhaltung mit den SA.-Leuten hatte man mich anscheinend vergessen.

Am gleichen Abend wurde Senger herausgerufen. Ich hörte zwischen der Radio-Musik Schläge, die wohl auf einen nassen Körper ausgeführt wurden, dazwischen das Schreien: „Ich bin unschuldig!" Die Prozedur mag ungefähr 1/4 Stunde gedauert haben, bis ich das Wimmern von Fritz Senger nicht mehr hörte. Es trat dann eine Stille ein. Am nächsten Morgen, als die Säle aufgeschlossen wurden, stürzte ich sofort nach Saal 4 hinauf. Fritz Senger lag mit seinem Bauch auf der Erde und rief mir zu, ich solle mich direkt entfernen, ihm sei nichts geschehen. Ich lüftete seine Decke und stellte fest, daß sein ganzer Körper blutunterlaufen war. Als ich ihn fragte, wer das gemacht hätte, sah er sich ängstlich um. Da auch andere Gefangene in der Nähe waren, gab er mir keine Antwort. Ich habe dann Fritz Senger geflegt und erst nach 14 Tagen war er wieder in der Lage, sich aufzurichten.

In der Zwischenzeit gingen die Mißhandlungen nächtlich fort. Ich war nunmehr 6 Wochen in der Kemna und wurde noch immer nicht vernommen. Wenn ich Franz Pedrotti sah, erkundigte ich mich und drängte darauf, vernommen zu werden, aber ich wurde von ihm immer wieder vertröstet. Ich schrieb nun einen Zettel, meine Frau solle zur Gestapo gehen und dort meine Vernehmung verlangen. Ich glaubte dadurch meine Freilassung zu erreichen. Diesen Zettel steckte ich zwischen die schmutzige Wäsche, die von meiner Frau allwöchentlich abgeholt wurde. Nach Abgabe der Wäsche muß diese aber wohl kontrolliert worden sein, so daß man den Zettel gefunden hatte. Ich mußte nach vorne kommen und wurde dann von dem SA.-Mann Grafe mißhandelt. Durch die fortgesetzte Aufregung, schlechte Beköstigung und die Ungewißheit über mein Schicksal war ich körperlich sehr schwach geworden. Beim ersten Schlag des Grafe stürzte ich schon besinnungslos zu Boden. Als ich mich wieder aufrichten wollte, wurde ich von Grafe fortgesetzt geschlagen und getreten.

Diese Tortur mag vielleicht 10 Minuten gedauert haben. Dabei habe ich beobachtet, daß jemand im Kleiderspind eingesperrt war. Wenn ich mich nicht irre, ist es Oskar Hoffmann gewesen. Da die Spindtür, durch den Umfang des Menschen behindert, nicht ganz zuging, hatte man Schloß und Riegel mit einem Draht zusammengezogen. An dieser Schranköffnung stand ein Schemel, darauf stand ein Glas Wasser. Später erfuhr ich, daß man die Gefangenen zwang, Salzheringe zu essen; die Gefangenen dann in die Spinde einsperrte und ihnen ein Glas Wasser in unmittelbarer Nähe zur gefl. Ansicht hinstellte. Viele Gefangene sind dabei vor Durst wahnsinnig geworden.

Daß sich die Gefangenen, wenn sie zur Vernehmung weggerufen wurden, mit Rasierklingen die Pulsader aufschnitten oder sich vom Dach in die Tiefe stürzten, kam oft vor.

Mir ist auch bekannt, daß Otto Böhne solange mißhandelt worden ist, bis er an diesen Verletzungen starb.

Eines Sonntagsmorgens wurde plötzlich Razzia im Lager gemacht. Alle Türen wurden von bewaffneten SA.-Leuten abgesperrt und jeder einzelne visitiert; ebenfalls wurden die Kartons, in denen man Essen-Vorräte, Toilette-Artikel usw. aufbewahrte, nachgeprüft. Dabei ging es ohne Mißhandlungen nicht ab. Bei dem Juden Dosmar hatte man ein Notizbuch gefunden, welches mit der Gabelsberger Stenografie beschriftet war. Für die Nazis waren diese Schriftzeichen böhmische Dörfer und man vermutete darin eine Geheimschrift der Juden. Dosmar wurde furchtbar mißhandelt, so daß er den ganzen Tag bewußtlos war. Man rief Hoffmann herbei, der nun diese Hieroglyphen entziffern sollte. Hoffmann las nunmehr aus dem gefundenen Heft Bibelsprüche vor, die Dosmar aufnotiert hatte. Was sich weiter noch daraus entwickelte, weiß ich nicht.

An irgendeinem Tage, welchen kann ich nicht mehr angeben, wurde der ehemalige Wohlfahrtsminister Heinrich Hirtsiefer eingeliefert. Auf den Arbeitsstellen ging es von Mund zu Mund. Ich hörte, daß Hirtsiefer in der Schmiede stände und am Amboß arbeiten müsse, weil er früher Schmied gewesen sei. Da ich die Möglichkeit hatte, unbemerkt dort hinzukommen, ging ich zur

Schmiede. Dort stand Hirtsiefer schwarz berußt am Amboß und schlug auf ein Eisenstück herum. Man hatte ihm auf die Stirne mit Ruß ein schwarzes Kreuz geschmiert. Ich machte mir in der Schmiede zu schaffen. Dann kamen immer Leute der Bewachung herein, die Hirtsiefer beleidigten und hänselten. U. a. war auch einer dazwischen, der nach dem Vornamen katholisch war. Wer es aber gewesen ist, kann ich heute nicht mehr sagen. Ich sprach diesen an und erlaubte mir die Frechheit, zu fragen, ob wohl sein Führer damit einverstanden sei, daß die Menschen wegen ihrer Glaubensauffassung belästigt würden. Er sah mich ganz dumm an, ging dann zu Hirtsiefer und sagte ihm, er solle das Kreuz von der Stirn wischen.

Am 17. Oktober 1933 kam ich mit einem Transport von 111 Mann von der Kemna in das Lager Neu-Sustrum im Emsland-Moor. Über meine dortigen grausigen Erlebnisse will ich ein anderes Mal berichten.

VIII.
Der Mensch ist vogelfrei.

Im Gewöhnlichen geschahen die Verhaftungen der Kemna-Insassen auf Grund des ersten Terror-Gesetzes des Hitler-Staates, .. der Verordnung zum Schutze von Volk und Staat vom 28. 2. 1933 Durch die fragwürdige Gestalt des Polizeipräsidenten Veller war die Personalunion zwischen SA. und Polizei hergestellt. Mißliebige, angeblich staatsfeindliche Personen konnten durch die Schutzhaftverfügung willkürlich verhaftet und auf unbestimmt-beliebige Zeit festgehalten werden. Meistens wurden diese Verhaftungen von der neugebildeten Geheimen Staatspolizei auf Anregung oder im Einvernehmen mit der örtlichen SA.- oder Parteiführung verfügt. Jedoch sorgte auch die Wachtmannschaft eigenhändig für die Auffüllung ihres Lagers. So verhaftete der Truppführer Ernst Maikranz von Heckinghausen den Arbeiter Hans Fischer auf offener Straße und überführte ihn in das Lager, wo er mit diesem auf eigene Art zwischen ihnen bestehende Differenzen erledigte.

Im August 1933 brachte der Arbeiter Emil Limberg seinem in der Kemna inhaftierten Schwager ein Paket mit Wäsche und gab das am Tor ab. Schon im Weggehen wurde er von dem in seinem Wagen vorbeifahrenden Unterbarmer Fabrikanten Max Graef von der Oberbergischen Straße bemerkt. Dieser rief den Torposten an, daß er Limberg festhalten solle, da er ein Kommunist sei. Der Torposten riß seine Maschinenpistole herunter, bedrohte damit den sich schon entfernenden Limberg, zwang ihn zur Umkehr und lieferte ihn auf der Wachstube ab. Limberg wurde ohne weiteren Grund danach noch 6 Monate in Schutzhaft gehalten.

Sonntags waren die umliegenden Höhen des Lagers das Ausflugsziel vieler Angehöriger der Inhaftierten, die einmal einen Blick von ihrem Mann, Vater oder Bruder erhaschen wollten, wie auch von vielen Neugierigen und Sensationslüsternen, die mit einem gewissen prickelnden Gefühl die berüchtigte Hölle einmal aus respektvoller Entfernung betrachteten. An bestimmten Stellen, wo ein guter Ausblick geboten war, staute sich gewöhnlich die Menge, die von den SA.-Posten dauernd durch Zurufe und Warnschüsse zum Weitergehen aufgefordert wurde. Eines Sonntags stürmte eine Meute der SA. den Berg hinan, packte sich willkürlich 2 Männer, Vater und Sohn, und schleppte sie ins Lager. Diese beiden wurden daraufhin 3 Wochen festgehalten.

IX.

Der Empfang.

Der Wuppertaler Friedrich Braß, der 1944 in Mauthausen ums Leben gekommen ist, hat unter dem Eindruck seiner Erlebnisse in der Kemna schon im Jahre 1934, als bei ihm noch alles in frischer Erinnerung war, einen Bericht verfaßt, in dem er anschaulich die Einlieferungsprozedur beschreibt, der jeder Neuankömmling mehr oder weniger ausgesetzt war:

„Als das Auto anhielt, fiel mein Blick auf ein Fabrikgelände, welches mir bisher unbekannt war. Es waren schon viele Jahre verflossen, seit ich das letzte Mal in dieser Gegend war. Unsere Begleiter stiegen aus. Von der offenen Tür des Gebäudes, vor dem wir standen, traten SA.-Leute auf den Wagen zu. Posten mit Karabiner standen dabei. Dann öffnete man unsere Zellen. Zunächst ließ man die jungen Leute hinaus, vor mir kam Elbers an die Reihe, ich war der Letzte. Als E. .sich noch in der Tür des Autos befand, sah ich ihn auf einmal blitzschnell verschwinden — später erzählte er mir, ein urkräftiger Fußtritt habe ihn gleich vom Auto bis in die Tür befördert. Dann ließ man mich als Letzten aus meinem Käfig. In die Tür des Gebäudes tretend, konnte ich mit dem ersten Blick erfassen, daß hier eine Wachstube sein mußte. An der Wand ein paar Bänke, davor ein roh zusammengenagelter Tisch. An ihm eine ganze Anzahl SA., die uns mit allerhand Zurufen und Hallo begrüßten. Schon dieser Empfang ließ von militärischer Zucht, wie sie mir aus der Kriegszeit in Erinnerung war, wenig bemerken, — kein Wunder, daß eine dumpfe Vorahnung das Herz schneller schlagen ließ. Meine Mitgefangenen standen schon Gesicht zur Wand — ich tat das gleiche. An der Wand, vor welcher wir standen, hingen mehrere Holztafeln, auf welchen allerhand Zettel mit Heftzwecken befestigt waren, wohl Diensteinteilungen und dergl.

Die nun noch folgenden Ereignisse kann ich, wenn auch vielleicht nicht in der genauen Zeitfolge ihres Geschehens, aber doch mit einer mir selbst verwunderlichen Klarheit niederschreiben, obschon ihr Erleben unter der heftigsten Gemütsbewegung stattfand, die mich je erschütterte. Die Vorfälle spielten sich teilweise so schnell ab, daß es selbst bei ruhiger Gemütsbewegung schwer gewesen wäre, sich dieselben genau einzuprägen.

Kaum standen wir in Reihe, als der rechts neben mir stehende Elbers heftig mit dem Gesicht gegen eine der Holztafeln flog. Ein schneller Seitenblick ließ mich erkennen, daß hinter ihm ein braun Uniformierter stand, der, als Elbers erschreckt die Hand zum Gesicht führte, ihn anbrüllte: „Tu die Flosse herunter!" Aus dem Chor der anderen Beifallsgebrüll und Fragen: „Was hat das Schwein gemacht?" „Auf die Polizei geschossen!" war die Antwort des Ersten. Lautes Hallo! „Na, wir werden dich!" Währenddem kam aus einer Tür vom Nebenzimmer ein anderer, der den Jüngsten von uns hereinrief. Um diese Zeit ertönte eine Sirene, es war wohl das Mittagszeichen. Schüsseln mit Essen wurde hereingabracht und auf den Tisch gesetzt. Die Herren der Situation setzten sich daran und so blieben wir wenigstens vorläufig ungeschoren. Es dauerte eine ganze Weile. Während die Leute mit Essen beschäftigt waren, wurde der Lärm in dem Raum etwas geringer, obschon man sich den Genuß der Speise mit allerhand saftigen Redensarten reichlich würzte.

Unterdessen kam der erste von meinen Schicksalsgenossen wieder aus dem Nebenraum und nahm seinen Platz an der Wand ein. Der Zweite wurde hereingerufen. Von den Verhandlungen, die dort geführt wurden, konnte ich nur selten ein Wort verstehen. Ich stand als letzter in der Reihe, in der Nähe der Eingangstür, durch welche beständig Leute aus- und eingingen. Meist SA.-Leute, aber auch Polizeibeamte, die uns eskortiert hatten. Ich konnte natürlich nicht stets dorthin sehen und war deshalb nicht wenig erstaunt, als plötzlich neben mir eine Stimme ausrief: „Enä, nu kiek ens do! Et Fritzken Brass! Wat heß du denn gemakt?" Ich drehte den Kopf und betrachtete den Frager vorsichtshalber, ohne etwas zu sagen. Obgleich bekannt, war das Gesicht doch nicht das Gleiche, das ich im Gedächtnis hatte. Als ich schwieg, fuhr der Frager fort: „Na, kennst du den Max Voerster nit mehr?" Ja, nun wußte ich Bescheid. Auch, daß ich ihn seit Jahren nicht mehr gesehen hatte, wenigstens nicht von nahebei. Wohl hatte ich gelegentlich sagen hören, daß er SS.-Mann geworden sei. Persönlichen Verkehr hatte ich mit ihm überhaupt nie gehabt. Die Sache verhält sich einfach so, daß unsere beiderseitigen Familien seit bald einem halben Jahrhundert in naher Nachbarschaft wohnen. Umsoweniger wußte ich jetzt, was ich mit der vertrauten Anrede anfangen sollte. Vom Tisch her kam die Frage: „Wat heet denn dat Beest gemakt?" Worauf Voerster erwiederte, er wisse es nicht, nur hätte ich immer so eine schöne „Reichsjammerfahne" gehabt, er hätte schon längst vorgehabt, sich die zu holen und fragte mich dann, ob ich dieselbe noch hätte. Ich sagte: „Nein, die ist nicht mehr da!" In dem Augenblick kam ein anscheinend Ranghöherer in den Raum, welcher die Leute fragte, ob ihnen das Essen schmeckte. Als einer erwiederte: „Der Fisch ist nicht gar!", sagte derselbe: „Na, geht doch in die Küche und werft den Kerlen das Fressen an den Kopf!" Dadurch wurden die Leute abgelenkt, was mir natürlich nicht unangenehm war.

Inzwischen wurde auch mein Nebenmann Elbers zum Verhör gerufen. Merkwürdigerweise kam er aber sehr bald wieder und nahm seinen Platz an der Wand wieder ein. Nun wurde mein Name gerufen. Ich ging die wenigen Schritte und trat in die Schreibstube ein. Ein großes Pult nahm den Hauptteil des Raumes ein, auf der anderen Seite standen ein paar Betten und Spinde. Der Eingangstür gegenüber führte noch eine Türe in ein weiteres Zimmer. Es waren fünf bis sechs SA.Leute darin. Wie das nun folgende Verhör eigentlich begann, ist meinem Gedächtnis entschwunden. Ich sah nur finstere Gesichter zornig auf mich gerichtet. Eine Reihe Fragen nach Personalien, Parteizugehörigkeit usw. kamen vor. Sie waren auch so ziemlich das einzige, was ich beantworten konnte. Was mir sonst noch entgegenschallte, war bloß Spott, Hohn, Beschimpfung so vielseitiger Art, daß ich nichts davon wiedergeben kann und nur meine Ahnung zur Gewißheit werden ließ, daß noch schlimmeres folgen würde.

Am Pult stand ein noch junger SA.-Mann mit 2 Sternen am Kragen, der hatte meine Papiere vor sich liegen und stellte auch die Fragen. Zuletzt kam die Frage, ob ich das, was ich da hingeschmiert hätte, eigentlich selbst glaubte — was ich überzeugungsgemäß mit „Ja" beantwortete. Die Quittung kam sofort in Gestalt einer mächtigen Ohrfeige, die mich rückwärts fallen ließ. Sogleich kam von hinten ein Stoß, der mich wieder gegen das Pult warf. Der dort Stehende schlug mich wieder in's Gesicht, gleichzeitig bekam ich von der Seite einen Tritt, der mich zu Boden warf. Kaum daß ich mich wieder aufraffte, erhielt ich von mehreren Seiten Stöße, Schläge, Fußtritte, so daß ich wieder hinstürzte. Das Spiel wiederholte sich mehrmals, als ich schließlich auf das Kommando „Aufstehen" nicht mehr rasch genug hochkam, erhielt ich am Boden liegend einen solchen Tritt in die rechte Seite, daß ich aufschrie vor Schmerz und nur noch mit Mühe wieder hochkam. Einen Augenblick ließ man mir Ruhe.

Einer zog eine kleine Holzbank heran, welche neben einem Bett stand. Der am Pult holte ein aus umsponnenen Leitungsdraht zusammengewickeltes Schlaginstrument hervor. Dann hieß es: „Rock aus! Weste aus!" Zwei Mann packten mich dann und legten mich lang hin auf die Bank. Kopf und Beine standen über. Der vom Pult trat vor, nahm meinen Kopf zwischen seine Beine, steckte die Finger seiner beiden Hände ineinander und drückte mir dann mit dem Handrücken die Kehle zu, so daß ich weder schreien noch atmen konnte. Ein Zweiter nahm meine Beine und hielt dieselben fest. Von der Seite hagelten die Schläge auf meinen südlichen Rücken. Wieviel es waren, weiß ich nicht. Ich glaubte, ersticken zu müssen, sah nur noch Flammen vor den Augen und war bestimmt nicht weit davon, das Bewußtsein zu verlieren, als man mich endlich losließ.

Dann jagte man mich aus dem Raum, an der Vorderfront des Gebäudes entlang bis zur Umzäunung an der Wupperseite, wo ein kleines Tor im Zaun geöffnet wurde, durch welches ich hinaus mußte. Ich war unmittelbar am Rand der Wupper angelangt, als hinter mir vom Hause her ein lautes und heftiges Rufen ertönte. Man schrie mir zu: „Halt!" Dann nach einem Augenblick: „Kehrt marsch!" Ich lief zurück, wieder in die Umzäunung hinein und mußte dann über den Hof an der Wupperseite bis zu einem dicht an der Wupper gelegenen Anbau. Dort angelangt, mußte ich stehenbleiben, weil die Tür verschlossen war. Es dauerte eine geraume Weile, bis der Schlüssel zur Stelle war. Endlich konnte man die Tür öffnen und ich wurde hineingejagt. Es war die Waschküche. Dort ging eine neue Quälerei los. Wutschnaubend über die Verzögerung schrie man mich an, ich solle mich ausziehen. Da die Schnürriemen meiner Schuhe naß und schmutzig waren, konnte ich sie nicht schnell genug lösen. Fast wäre man schon deswegen wieder über mich hergefallen, so daß ich sie schließlich zerriß. Als ich dann nackt dastand, begann man mich mittels eines Schlauches abzuspritzen. Wohl 10 Minuten lang war ich dem kalten Wasserstrahl ausgesetzt, wobei man mir recht häufig den Strahl in's Gesicht und gegen die Geschlechtsteile richtete, was heftige Schmerzen verursachte.

Als die Prozedur endlich beendet war, mußte ich Hemd und Hose in einem Eimer auswaschen. Als ich mich dazu niederbückte, schlug der Eine mich wieder mehrmals mit einem schweren Holzknüppel auf das Gesäß; es konnte ein Wäscherührholz sein oder dergleichen, so daß ich fast bei jedem Schlag vornübergefallen wäre. Als ich schließlich laut aufschrie, herrschte er mich an, ich solle die Brüllerei aufgeben, sonst — dabei schwang er wieder den Knüppel. Der Andere stieß währenddem ständig Verwünschungen und Drohungen aus: „Ihr Schufte, man sollte euch an den Strick hängen! Die Kugel ist zu schade für euch!" usw.

Als man endlich von mir abließ, konnte ich mich kaum noch auf den Beinen halten. Als dann der Befehl kam, mich anzuziehen, konnte ich das nasse Hemd nicht schnell genug überziehen, was die Helden zu der Drohung veranlaßte, mich in einen Wasserbottich zu stecken. Als ich endlich Hemd und Hose wieder an hatte und die Schuhe lose an den Füßen, mußte ich pudelnaß und zähneklappernd den ganzen Weg um das Gebäude herum zurückmachen. Wieder durch die Wachstube, aber von dort in ein Treppenhaus, wo man mich anwies, sämtliche Treppen hinaufzugehen, oben sei die Kammer. In halber Betäubung stieg ich hinauf, wo mir andere Unglücksgefährten den Weg zur Kammer wiesen.

Dort waren zwei Männer, auch Gefangene, beschäftigt. Sie machten sich daran, mir das noch notwendigste Zeug auszusuchen und halfen mir auch beim Umkleiden, da ich allein kaum noch imstande war, mich zu bewegen. Aus ihrer stillen hilfsbereiten Art konnte ich entnehmen, daß solche Vorfälle hier bestimmt nichts Besonderes waren. Als ich dann endlich trockenes Zeug am Leibe hatte, stieg ich wieder herab, man zitierte mich wieder in die Schreibstube, wo es erneut Beschimpfungen setzte, die in der Drohung gipfelten: „Wart, Bursche, heute abend hole ich dich nochmals heraus! Dann wirst du was erleben!" Als man mir eine Liste zur Unterschrift hinschob, war ich nur mit der Aufbietung der letzten Willenskraft imstande, meinen Namen hineinzuschreiben.

An dieser Stelle will ich nun gleich die Namen der beiden Hauptakteure festlegen, welche ich naturgemäß erst später erfuhr. Der Jüngere, der mich ausgefragt und zuerst in's Gesicht geschlagen hatte, mir dann den Hals zugedrückt und mich endlich mit dem Wäscheholz geschlagen hatte, war ein Truppführer Bruno Wolf. Der Ältere, der das Prügeln mit dem Draht besorgte und später mit dem Wasserschlauch hantierte — im übrigen über ein unerschöpfliches Schimpfregister verfügte — war ein Berufskollege von mir, Anstreicher Heinrich Weischet.

Jetzt endlich hatte ich genug. Man führte mich durch einen großen, mit Leuten dicht besetzten Saal, bis ans andere Ende desselben. Dort wurde eine eiserne Tür geöffnet und ich in einen niedrigen Raum geschoben, in dem nichts war als Stroh am Boden und viele Gefangene. Auch die anderen, die mit mir hertransportiert waren, traf ich dort wieder. Meine Kameraden mochten wohl sehen, daß ich dem Umsinken nahe war und bemutterten mich in der rührendsten Weise. Besonders Kamerad Elbers nahm sich meiner an. Er bereitete mir ein Lager von Decken auf dem Stroh, wickelte mich selbst in eine solche und half mir beim Niederlegen. Ich verfiel bald in einen dumpfen Halbschlummer, der wohl die Reaktion auf die vorhergehende Aufregung war.

Damit waren die Empfangsfeierlichkeiten abgeschlossen und ich eingereiht in die Gemeinschaft derjenigen, die dem neuen Staat gefährlich erschienen."

X.
Einzelbilder.

Der Wuppertaler Mitbürger Hans Dallmann erzählt:

Das Kemnamädel.

Langsam versinkt die Sonne im Westen, ein Teil der Gefangenen hat die Strohsäcke wieder aufgesucht, liegt regungslos, teilnahmslos. Die Nacht kommt, zittert es in ihnen. Die Nacht — grausam und lang — länger als der längste Tag!

Es geht nicht mehr, stöhnt der eine, greift zur Rasierklinge und schneidet sich die Pulsader auf. Leben ist schwerer als Sterben! „Es geht nicht mehr!" entringt es sich dem anderen; er springt auf und stürzt sich aus dem dritten Stockwerk — gerade dorthin, wo Eisengerümpel und Schienen liegen und bleibt mit gebrochenen Gliedern auf der Stelle. Doch das Leben ist zäh und der Tod sagt: „Warten! Warten! — Vielleicht, wenn es dir mal nicht paßt!"

In der einen Ecke unterhalten sich einige leise über den „Bubi" Bunkermann. Nur zweimal wird „Bubi" täglich aus seinem Bunker herausgeholt einmal des morgens, wenn er sein blutiges Hemd und seine mit Kot besudelten Hosen in der Wupper waschen muß und anschließend auf dem Hof hin und her gehen mußte — gehen? — o, nein, in den Händen ein dreißig Zentimeter langes Stück Holz, dessen Gewicht aber seine Kraft übertraf, so daß er es immer wieder fallen ließ — zusammenbrach; doch immer wieder wurde er hochgejagt zum Gaudi der entmenschten Bestien. Und zum anderen, wenn man nachts die Tortur fortsetzte — tage- und wochenlang.

In einer Ecke sitzt die unverwüstliche Jugend und einige, die trotz allem ihren Optimismus nicht verloren haben, die ihre Fäuste in den Taschen vergraben, den Glauben an eine Gerechtigkeit und eine Vergeltung im Herzen tragen. — Trotz und allem!

Leise summt einer ein Lied. Ganz leise — ein Lied von „Freiheit und Wiedersehen". Ein Zweiter summt mit und dann ein Dritter. — Es verklingt . . . . . doch dann summt man wieder, es sind schon mehrere und in dem Summen ist alles, alles! Schmerz und Leid, Qual und Sehnsucht.

Man hört aus dem Summen die helle Tenorstimme eines noch vor wenigen Wochen blond gelockten Jünglings. Doch nun ist sein Kopf kurz geschoren, eine krankhafte Blässe bedeckt sein Gesicht, die Backenknochen stehen scharf hervor; tief in den rotumränderten Augen glüht ein unheimliches Feuer. Mit leiser gedämpfter Stimme singt er vom „Vorwärtsschreiten". Neue Kraft strömt aus den Worten, mancher Schmerz wird erträglicher — nur das Herz klopft immer so rasend.

Unterdessen hat der Tischälteste vom Block vier seine Kameraden zusammengeholt — das Kemnamädel wartet . . . . Kemnamädel? Ja, ein Wesen, lieblich und duftend, das jedem Trost und Vergessenheit schafft und sei es auch nur für kurze Zeit. Ein Kollektivmädel aus der Zeit des Urkommunismus, wo es noch kein Privateigentum und auch noch keine Eifersucht gab — und auch noch keine eisernen 30 cm breiten Kleiderspinde, in denen dennoch ein Mann stehen kann — und wenn sein Brustkorb-Umfang 90 cm hat! Nun, so wird er eben hineingetreten, man hängt das Schloß drauf und dann? — — wirft man den Schrank um und um, stellt ihn wieder auf den Kopf und läßt ihn stehen . . . . . sucht sich derweil an andere menschliche Wesen zu belustigen, bis der Schrank wieder in's Blickfeld gerät. Ja, so ein Eisenschrank ist unverwüstlich und unbegrenzt haltbar — und der Inhalt? Nun, man nimmt einige Eimer Wasser, gießt sie durch die Luftlöcher, nimmt eine lange Stricknadel oder ein sonstiges langes spitzes Instrument und stochert damit in dem Spind herum. Ei!? Regt sich nichts? Was? Ha, weil sich nichts regen kann! Man bequemt sich, den Schrank wieder zu öffnen, zerrt eine steife Gestalt heraus, macht Wiederbelebungsversuche. Zwecklos? O, nein — das Leben ist zäh.

Doch kehren wir wieder zu unserem Kemnamädel zurück. Da ist unser Wilhelm von Ronsdorf. O, er kann schon wieder sitzen — — Seine Aufgabe besteht nun darin, täglich ein Zentimeter langes Papierröllchen kunstvoll anzufertigen. Und alles was im Laufe des Tages an Rauchbarem aufzutreiben war (es gibt immer Möglichkeiten trotz der scharfen Augen der SA., denn die Solidarität der Wuppertaler ist stärker und findiger als die brutale Macht der braunen Henker) pfropft Wilhelm mit einem Stäbchen in diese Papierhülle . . . . . Krüllschnitt, getrockneten Kautabak, Feinschnitt und „Straßburger Auflese", alles fein säuberlich und trocken, gut gemischt ergibt eine Zigarette von gutem Format und Aroma, — und das war das „Kemnamädel".

Um dieses Kemnamädel versammelte sich die ganze Tischgemeinde, jeder durfte für einen tiefen Atemzug lang dieses Mädel sein eigen nennen und „Adlerauge" wachte sorgsam, daß die Bedingungen nicht übertreten wurden. Das Vorrecht hat der Tischälteste, dann Adlerauge, Franz, Fritz, Wilhelm - und dann? Ja, da steht „Schwager Emil" er ist neu hinzugekommen, er fragt: „Und ich?" Seine Augen sind groß und verlangend auf „das Mädchen" gerichtet und dann nochmals: „Und ich?". „Ja, auch du!" . . . . . nickt der Älteste und ein anderer sagt: „Laß ihm den Vorzug". Emil nimmt das Mädel. „Emil, nur zwei Züge", tönt eine Stimme! Und Emil nickt, holt tief Atem und saugt sich an den Lippen des Mädchens fest — doch dann verdrehen sich seine Augen, — schneeweiß wird sein Gesicht und besinnungslos sinkt er auf den Strohsack zurück. Das Mädchen aber gleitet still und behutsam auf den Schoß eines anderen. — Ja, Emil! Das Kemnamädel hat ein rauhes, doch mitfühlendes Herz und wer sich fest in seine Arme schmiegt — findet Vergessen!

Auch der größte Schmerz geht vorüber!

Es ist Nacht! Auf den blutgetränkten Strohsäcken liegen die Menschen und starren mit wunden Augen in das Dunkel. Kaum wagt einer zu atmen! — Aus dem Nebenraum schallt das höhnische Lachen der SA., dazwischen das Klatschen der Gummiknüppel und geflochtenen Peitschen — „Willst du singen, du Schwein" — „los" — „die Internationale!" . . . „Was? . . . Du willst nicht?" . . . . . Man hört nur noch Schlagen, Schreien, Fluchen und Stöhnen, höhnisches Gelächter und immer wieder Schlagen und Schreien . . . . Wir wissen alle, wer in dieser Nacht wieder an der Reihe ist, Nacht für Nacht geht das so, Nacht für Nacht wird die unförmige Masse, der Mensch August Obermeier vom Strohsack gerissen und nach vorne zum Verhör geschleift. Doch für die Henker ohne Erfolg, denn August schweigt . . . . Wir hocken derweil auf den Strohsäcken und beißen in die Fäuste, um nicht mit laut aufzubrüllen oder aufzuspringen vor Schmerz und ohnmächtiger Wut! Ein qualvolles Stöhnen ist ringsum. „Ich kann nicht mehr", heult plötzlich neben mir „Adlerauge" und springt auf, um sich nach vorne zu stürzen, ins sichere Verderben, in den Tod! Ich reiße ihn zurück und halte ihn mit Gewalt auf seinem Strohsack fest, ich bin mir bewußt, eine unüberlegte Tat, und wenn auch aus Verzweiflung geboren, wird Hunderten hier von uns das Leben kosten! . . . . . Stunden vergehen, die Türe fliegt auf und herein wirft man ein blutiges Knäuel, läßt es liegen und sucht mit einer Taschenlampe ein neues Opfer! . . . Bin ich an der Reihe? fragt sich jeder von uns und das Herz klopft bis zum Halse. Wahllos wird hier und dort einer hochgerissen, die Türe schließt sich hinter ihnen und der Jammer beginnt von neuem. Wir sind vom Strohsack aufgestanden und haben August zu unserem Strohsack hingetragen. Seine fiebernden, aufgeschlagenen Lippen mit Wasser gekühlt . . „Mögen sie uns totschlagen, aber erfahren dürfen sie nichts," stöhnt August! . . . . . Schweigend starren wir in die Nacht und beißen die Zähne noch fester aufeinander! Stumm drückt August mir die Hand.

Einige Wochen später, August ist wieder zum Verhör geholt worden, eine unheimliche Ruhe herrscht im Saal, wir wissen alle, noch eine Nacht wie die letzte und August wird nicht mehr unter uns sein . . . . Im Vorraum bei der SA. bleibt es ruhig, eine Stunde später kommt August allein zurück, erwartungsvoll sind trotz der Finsternis alle Augen auf ihn gerichtet. Durch die Fenster blickt der klare Nachthimmel und läßt die Konturen der Einzelnen in groben Umrissen erscheinen. Nur wenige liegen, viele sitzen halb aufrecht auf ihren Strohsäcken und ihre Köpfe sind alle nach einer Richtung gewendet. Dorthin, wo August liegt.

Man wartet auf eine Erklärung über das plötzliche „humane Verhalten" der SA. . . . Doch August liegt schweigend neben mir! Doch nicht lange, da zittert und bebt sein ganzer Körper . . August weint . . . . weint nicht über die körperlichen, gräßlichen Schmerzen, oh nein, sondern . . . weil es den Henkern gelungen ist, einen anderen durch einige Ohrfeigen dahin zu bringen, alles zu sagen, was er weiß, alles, auch das, warum August trotz allem Nacht für Nacht so hartnäckig geschwiegen hat . . . . August weint . . . . doch sein revolutionärer Wille ist ungebeugt.

1936 treffe ich August auf der Straße, auch er hat seine „Strafe" verbüßt. . . „Wir dürfen nicht ruhen und rasten und müssen die Menschen über die wahre Gestalt des Faschismus aufklären und der Wahrheit zum Siege verhelfen!" sind seine Worte, die mir noch heute in den Ohren klingen. Eines Tages eilte die Kunde von Mund zu Mund, August ist wieder von der Gestapo verhaftet und in Ketten aus dem Stahlwerk zum Polizeipräsidium gebracht worden. Seine Frau versucht vergeblich mit ihm in Verbindung zu treten. Wir sehen und hören nichts mehr von ihm. Eines Tages bin auch ich wieder in den Bluthänden der Henker gelandet. Dort erfahre ich, daß am gleichen Morgen Frau Obermeier die blutigen Kleider ihres Mannes abgeholt hatte. August war tot! Viehisch ermordet; mit einem Strick hatte man ihn im Musterluftschutzkeller der Von-der-Heidts-Gasse mit noch einem anderen Leidensgenossen solange auf und ab gezogen, bis er das „Bewußtsein" verlor und als der andere aus tiefer Ohnmacht erwachte, lag unter ihm der erstarrte Körper August Obermeiers! . . . Tot . . . geschwiegen bis zuletzt, als wahrer Kämpfer für die Befreiung der Unterdrückten. . .

Stundenlang bin ich in der Zelle auf- und abgegangen, habe die Losungen der Kameraden entziffert, die sie mit ihren Fingernägeln in die Wände gekratzt hatten und fand auch den Namen August Obermeier und darunter stand:

„Auch der größte Schmerz geht vorüber!".

Der Polizeipräsident!

„Der „Geist der Wodiwoden", so nannten wir ihn, zog seine Decke fester um seine schlotternden Glieder und geisterte durch den Saal, kein Mensch mehr, aber auch kein Tier! Ein Wesen aus der anderen Welt, seine Augen, die zu Anfang unheimlich groß seine Leidensgenossen anstarrten, wiederspiegeln die furchtbare Angst und das Entsetzen. . . Etwas, seiner Seele Unfaßbares, Grausiges mußte mit ihm geschehen sein. Doch niemand erfuhr es, nur seine Augen waren stumme Zeugen, aus denen man die ganze Qual eines zerbrochenen Menschen lesen konnte. Er sprach fast nie und wenn er angesprochen wurde, so waren seine Antworten den anderen unverständlich und nicht mit der Wirklichkeit zu vereinbaren, man ging ihm aus dem Wege und schüttelte mitleidig mit dem Kopfe, wenn er, wie schon gesagt, fest in seiner Decke gehüllt durch den Saal schlurfte . . .

An der Türe zum Dreizehnmännerkollegium trifft er mit „Alex von der Holzstraße" zusammen. Alex, der jedem seine Leidensgeschichte erzählt, hat ein neues Opfer gefunden! . . . „Weißt du", spricht er den „Geist des Wodiwoden" an, „warum ich hier bin?" Der sieht Alex verständnislos an . . . „nein" . . . . „Ich habe keine Zeit gehabt, mich mit Politik zu befassen gewählt habe ich immer richtig." Er zeigte eine wichtige Miene und streichelt sein Kinn . . . „Oh, soviel weiß ich doch, was ich als Arbeiter zu tun habe. Ja. Da komme ich aus der Nachtschicht und lege mich, weil es ein schöner Morgen war, ins Parterre-Fenster. Als plötzlich die SA. erscheint und eine Razzia nach Kommunisten abhält. — Schwupp, hatte man mich am Kragen und zog mich durch das Fenster auf die Straße. Man schrie und lachte, hier her, hier her, — hier haben wir wieder so ein Russengesicht. Und dann fand ich mich hier wieder. Nur sitzen konnte ich lange Zeit nicht mehr. Furchtbar hatten sie mich vertrimmt . . . . Au weh, ich darf nicht daran denken, sonst" . . .

„Alles raus, alles raus, auf den Hof antreten". schreien die Saalältesten. Alles raus, los, los . . . . Was ist denn schon wieder? Der Herr Polizeipräsident . . . was? . . . Emmes! . . Ja . . (Emmes

war der Spitzname für den SA.-Führer und Polizeipräsidenten Veller) und dann rennen, humpeln und kriechen sie alle heraus aus der Hölle. Die SA. hilft nach und bald stehen sie wieder alle in Reih und Glied und warten der Dinge, die da kommen sollen. Nur die Kranken dürfen im Gebäude bleiben. Eine Stunde vergeht und noch eine, man hat ja immer Zeit, dann erscheint „Emmes" in Begleitung seines Stabes. Stolz lächelnd, ein „Gemütsmensch". Schönen Frauen und dem Alkohol nicht abhold, prima geschniegelt und gebügelt in glänzender Uniform. Einer der flimmernden Sterne des erwachenden Deutschland . . . Er spricht . . . . seine Begleiter strahlen, die SA. lächelt und steht stramm. „Ihr Führer" hat es in sich, etwas Mitreißendes, ein bißchen Abenteuerlust und Leichtsinn . . . Ei, man kennt manches Stückchen von ihm, von ihrem Emmes! — So einmal, wie er in seinem Auto stehend durch die Arbeiterviertel sauste und wie ein Besessener um sich schoß — wie Frauen und Kinder schreiend flüchteten, wie des Milchbauern Pferd scheute, die Milchkannen vom Wagen stürzten, und ein weißer Strom die Gosse füllte, wie Klein-Ruth den Milchtopf fallen ließ und als sie ihn noch schnell wieder aufheben wollte, von dem Kotflügel des Autos erfaßt und zur Seite geschleudert wurde und ihr reines, weißes Kleidchen (es war früh an einem schönen Sonntagmorgen) blutige Flecken bekam — Ja, an diesem sonnigen Sonntagmorgen schoß er, noch im Alkoholrausch des vergangenen Tages, wild auf alles. — Alten Männern und Frauen, die zur Kirche gingen, zitterten die Knie und bekreuzigten sich, während die Glocken ihren Mahnruf übers Tal erschallen ließen und die Orgel ihr „Heilig, heilig, heilig ist der Herr" in klangvollen, brausenden Akkorden erklingen ließen. —
Vater Krause stand gerade am Fenster des ersten Stockwerkes und rasierte sich, als die Kugeln um seinen Kopf summten. — Hell schmetterte der Kanarienvogel sein Lied in den Sonnentag, als die Kugel das Drahtgitter seines Käfigs durchschlug und sich durch den Vogel in die Wand bohrte. Der letzte Ton seines Liedes blieb in der Kehle stecken und mit offenem Schnabel lag „Hansi" auf dem Boden seines Käfigs. . . . O,

tot, . . tot . . . jammerte Mutter Krause und zerdrückte eine Träne mit dem Schürzenzipfel. —

Aber nun ist ja alles anders. — Als Polizeipräsident hat man für Ruhe und Ordnung zu sorgen, und nun steht er hier vor den „Unruhestiftern". Seine Rede ist scharf, er wiederholt, was der Lagerführer schon gesagt vom Entwaffnen und Fluchtergreifen usw. Die SA. lächelt. . . und die anderen?. . . Über tausend grausam mißhandelte Menschen stehen mit finsteren Gesichtern und müssen sich wehrlos einen Kübel nach dem anderen voller Phrasen, Lügen und Schmutzigkeiten über den Kopf schütten lassen. Hier und dort schluckt der eine oder andere den Speichel wieder herunter, den er schon auf der Zunge hatte und verzieht das Gesicht zu einem geringschätzigen Lächeln. . . . Warte nur, sprechen ihre Augen. . . Es wachsen keine Bäume in den Himmel. . . Dann ist auch das mal überstanden. Und unser „Emmes" fährt wieder ab. Sorgt für Ruhe und Ordnung und sittliche Ertüchtigung der deutschen Jugend, stellt sich nach einer großen Rede und nach einem noch größeren Saufgelage auf den Balkon des Hotels zur Post und schifft von dort oben herab auf die Masse.

Auf das „Volk", auf „das erwachende Deutschland!"

XI.

Einige Fälle sprechen für viele.

Aus den Beweiserhebungen der Staatsanwaltschaft bei dem späteren Prozeß: (Nach dem Wortlaut der Anklageschrift)

Fall 6. (Emil Hirsch).

Der inzwischen verstorbene, damals 58 Jahre alte israelitische Kaufmann Emil Hirsch wurde im März 1933 in Schutzhaft genommen und kam Anfang August 1933 vom Zuchthaus Lüttringhausen aus zum Lager „Kemna". Hirsch ist am 30. 10. 1934 über seine Erlebnisse im Lager „Kemna" vernommen worden und hat damals angegeben, man habe ihm den Vorwurf gemacht, Kisten mit Munition in seinem Geschäft in Barmen versteckt zu haben. Er sei nie zu Protokoll vernommen worden, wohl aber wegen dieser Munitionsangelegenheit von den Wachmannschaften der „Kemna" wiederholt befragt worden. Diese Fragen hätte in der Hauptsache der Beschuldigte Paul Schmidt gestellt. Bei einer solchen Vernehmung sei auch der Beschuldigte Altwicker zugegen gewesen und habe ebenfalls Fragen gestellt. Als er die gegen ihn erhobenen Vorwürfe als unrichtig zurückgewiesen habe, habe er sich niederknien müssen, und man habe ihm die Augen verbunden. Er habe das Gefühl gehabt, als ob er erschossen werden solle. Bei einer anderen Gelegenheit habe ihn der beschuldigte Wolff verhört. Dabei sei er gestoßen und getreten worden. Anschließend habe der Beschuldigte Paul Schmidt ihn in ein Garderobenspind eingesperrt, indem er weder habe sitzen noch stehen können. In diesem Spind habe er in einer völlig zusammengepreßten Stellung mehrere Stunden zubringen müssen. Er müßte auch wohl mehrmals bewußtlos gewesen sein. Die wenige Luft, die durch die Luftlöcher in das Spind hineingekommen sei, sei noch durch Einblasen von Zigarettenqualm verdorben worden. Mehrere Male habe man ihn auch einen starkgesalzenen Hering zu essen gezwungen. Er entsinne sich noch, daß einmal ein Schupobeamter mit dem Beschuldigtem Paul Schmidt zusammen vor dem Spind gestanden habe. In Schweiß gebadet sei er schließlich aus dem Spind herausgeholt und mit Kleidern in die Wupper gejagt worden. Anschließend habe er längere Zeit in dem Bunker zubringen müssen. Als er einmal einen SA.-Mann um Wasser gebeten habe, habe dieser gefragt, ob er Heringe gefressen hätte. Auf die bejahende Antwort habe der SA.-Mann gesagt, dann brauche er auch kein Wasser.

Der Zeuge Polizeihauptwachmeister P a t t b e r g bestätigt, daß ihn der Beschuldigte Paul Schmidt eines Tages aufgefordert habe, sich den in ein Spind eingeschlossenen Häftling Hirsch anzusehen. Als Schmidt das Spind geöffnet habe, habe Schmidt den Hirsch, der nicht alleine aus dem Käfig herausgekonnt habe, ganz in Schweiß gebadet aus dem Spind herausgezogen. Schmidt habe den Hirsch nach einer Kiste Munition gefragt und ihn außerdem in seiner Gegenwart gezwungen, einen dick mit Salz bestreuten Hering zu essen. Dann habe Schmidt den Hirsch wieder in das Spind hineingezwängt, derart, daß er ihn mit aller Gewalt hineingedrückt und schließlich mit dem Fuß gegen die Knie des Hirsch getreten habe, um das Spind schließen zu können.

Dem Zeugen Pauli, der damals ebenfalls als Häftling im Lager war, hat Hirsch erzählt, daß er schwer geschlagen und gezwungen worden sei, Salzheringe zu essen.

Dem Zeugen Ochel hat Hirsch ebenfalls das gleiche erzählt und weiter hinzugefügt, daß man ihm eine brennende Zigarrette unter die Nase gehalten habe, so daß er kaum habe Luft kriegen können.

Fall 7. (Kurt Augst).

Der Transportunternehmer Kurt Augst wurde am 17. 9. 1933 festgenommen unter der Beschuldigung, an der Verteilung von Flugblättern in Barmen beteiligt gewesen zu sein. Am nächsten Tage wurde er mit 5 anderen Häftlingen in das Lager Kemna eingeliefert. Bei der Einlieferung mußte er sich mit dem Gesicht zur Wand stellen. Plötzlich erhielt er, ebenso wie die anderen, einen wuchtigen Schlag von hinten gegen den Kopf, so daß er mit dem Gesicht zur Wand prallte.

Anschließend wurde er mit etwa 30 Mann in den sogenannten Bunker eingesperrt. In den folgenden 7 Tagen wurde er von den beiden Kriminalbeamten Gebrüder Pedrotti jeden Abend vernommen und dabei mit Gummiknüppeln, Reitpeitschen und Krückstöcken erheblich mißhandelt, wobei immer mehrere Wachmannschaften des Lagers auf ihn einschlugen. Zum Schluß war sein Körper ganz blutig geschlagen, so daß er fast schwarz aussah und er vor Schmerzen derartig verzweifelt war, daß er die Wachmannschaft bat, ihn zu erschießen, weil er es nicht mehr aushalten könnte. Diese 7 Tage brachte er meistens in dem Aufzug zu, der so klein war, daß darin ein Mensch weder liegen noch stehen konnte. Zu Essen bekam er während dieser Zeit nur einmal eine Scheibe Brot. Als ihn eines Tages der bisher nicht aufgefundene und angeblich verstorbene Sturmbannführer Hans Pfeiffer, der mit den Kriminalbeamten zusammen die Vernehmung leitete, fragte, ob August Hunger und Durst hätte und August dies bejahte, befahl Pfeiffer dem inzwischen verstorbenen Max Förster, August ein sogenanntes „Appetithäppchen", Brot mit Salz bestreut, zu geben. Als August dies verweigerte, schlug ihn Förster in Gegenwart von Pfeiffer ins Gesicht, und drohte ihm, daß er alles, was er ausbräche, wieder auflecken müßte. August wurde dann gezwungen, das Brot hinunterzuwürgen. Als August einmal nach einer Vernehmung in den Verschlag unter der Treppe gelegt wurde, haben andere Leidensgenossen, die mit ihm dort lagen, das Gewinde einer dort vorbeilaufenden Wasserleitung losgedreht und ihn mit dem heraustropfenden Wasser erquickt, weil er vor Durst schon nicht mehr ganz bei Sinnen war. Während er unter der Treppe lag, erschien nachts der Beschuldigte Bläsing mit der Aufforderung, August solle sich fertig machen, er käme gleich in den Steinbruch und würde erschossen. Am achten Tage ließ der Beschuldigte Hilgers sich August vorführen und erklärte ihm, daß er von nun an unter seinem persönlichen Schutz stände. Von da an ist August nicht mehr mißhandelt worden. August hat noch monatelang blutigen Urin gehabt; obwohl er sich infolge der Mißhandlungen sehr elend fühlte und erhebliche Schmerzen hatte, hat er es nicht gewagt, sich krank zu melden. August selbst ist nicht in der Lage, außer den bereits genannten Beschuldigten noch weitere Angehörige der Wachmannschaft als beteiligt an den Mißhandlungen zu bezeichnen. Jedoch sind mehrere Zeugen in der Lage, die Namen solcher Wachmannschaften anzugeben.

Der ehemalige Kriminalassistent Pauli, der auch in dem Lager „Kemna" als Häftling einsaß, ist Zeuge gewesen, wie Augst von mehreren Wachmannschaften mit Stöcken und Ochsenziemern verprügelt worden ist. Augst mußte sich bücken, einer von den Wachmannschaften hielt ihm den Kopf fest und dann fingen zunächst zwei an zu schlagen. Je mehr Augst schrie, desto größer wurde die Wut der Wachmannschaften.

Während der Prügelei kamen noch verschiedene Wachmannschaften aus der Wachstube hereingelaufen und beteiligten sich an der Prügelei. Nach Beendigung der Prügelei lag Augst wie tot auf dem Boden. Während der Prügelei war ein namentlich nicht festgestellter Arzt zugegen, der sich jedoch in keiner Weise um Augst gekümmert hat. Einige Tage nach diesem Vorfall sah Pauli den Augst wieder, als er gerade von einem anderen Schutzhaftgefangenen rasiert wurde Schon beim Einseifen schrie Augst laut vor Schmerzen. Der Zeuge bekundet weiter, daß Augst derart eingeschüchtert war, daß er von jedem, der ihm näher kam, glaubte, er wolle ihm etwas. Pauli hat als beteiligt an der Schlägerei noch in Erinnerung die Beschuldigten Bläsing, Wolff, Grafe, Maikranz, Danowski und den inzwischen verstorbenen Warnstedt.

Der Zeuge Jung, der als Häftling im Lager hilfsweise Sanitätsdienst versah, bekundet, daß Augst sehr lange gelegen hat, weil er sich nicht bewegen konnte und daß er in einer Angst geschwebt habe, daß er noch einmal von neuem dazwischengenommen würde. Als Jung eines Tages Augst im Fahrstuhl liegen sah, hörte er, wie der Beschuldigte Maikranz zu dem vor Durst schreienden und wie ein Kind wimmernden Augst sagte, er kriege nicht eher was zu fressen und zu saufen, als bis er alles sage und wenn es 8 Tage dauere. Jung hat Augst behandelt und festgestellt, daß der Unterarm dick geschwollen war, so daß er annahm, der Knochen sei verletzt. Auch hatte Augst am Körper erhebliche Schlagwunden.

Der Zeuge Herbertz lag mit Augst zusammen im Bunker, als der Beschuldigte Weischet zu ihm sagte, ob er schon das hohe „C" gesungen habe, gleich könne er das Singen lernen. Herbertz hat Augst dann erst nach 12 Tagen wiedergesehen. Jetzt stellte er fest, daß das Gesicht dick geschwollen war und schwarze, blutunterlaufene Stellen hatte. Außerdem waren einige Zähne los. Arme, Beine und Rücken zeigten dicke blutige Fleischwunden, die schon verkrustet waren. Der Zeuge Deis hat mit Augst zusammen unter der Treppe gelegen und ist auch mit ihm zusammen dem Beschuldigten Hilgers vorgeführt worden. Hilgers unterstellte die beiden Häftlinge seinem persönlichen Schutz, veranlaßte, daß sie etwas zu essen bekamen und daß sie sich auf dem SA.-Saal baden mußten. Bei diesem Baden stellte er fest, daß der Körper des Augst dick aufgeschwollen und blutig war. Deis ist ebenso wie Augst der Überzeugung, daß der Beschuldigte Hilgers um die voraufgegangenen Mißhandlungen gewußt hat, da er angeordnet habe, daß die beiden Häftlinge das Essen zunächst in halben Portionen bekommen sollten.

Der Zeuge Käsbach gibt an, Augst sei derart zusammengehauen gewesen, daß er kaum noch hätte gehen können.

Fall 14. (Walter Mehling).

Der Angestellte Walter Mehling wurde Ende Juli 1933 wegen angeblicher Teilnahme an einem Sprengstoffverbrechen festgenommen. Während der ersten Woche hat er im Lager nichts besonderes erlebt, abgesehen von gelegentlichen Fußtritten, Boxhieben usw., die jeder Häftling mehr oder weniger über sich ergehen lassen mußte. Dann wurde er eines Tages zu einer Vernehmung in das Polizeigefängnis Barmen, Bachstraße transportiert, wo er von dem Gestapo-Beamten Eugen Pedrotti und 2 SS.-Männern erheblich mit Reitpeitschen verprügelt wurde. Einige Tage danach wurde er am späten Abend von seinem Schlaflager in den Aufnahmeraum geholt. Von den Beschuldigten Wolff, Altwicker und dem verstorbenen Warnstedt wurde er gefragt, wo die Waffen aus dem Kapp-Putsch geblieben seien. Als Mehling erklärte, zur Zeit des Kapp-Putsches ein Kind von 12 Jahren gewesen zu sein und deshalb von den ganzen Dingen nichts zu wissen, schlugen ihn die drei Genannten mit Gummiknüppeln und Gewehrkolben so lange, bis er ohnmächtig wurde. Als er aus seiner Ohnmacht erwachte, blutete er aus Nase und Mund. Trotzdem zog man ihn anschließend im Schlafzimmer der Wachmannschaft nochmal über einen Tisch, wickelte ihm ein Tuch um den Kopf und schlug ihn mit verschiedenen Schlagwerkzeugen. Auch hier verfiel Mehling wieder in Ohnmacht und fand sich später vollkommen durchnäßt im Aufzug wieder. Diese Mißhandlungen hatten zur Folge, daß Mehling schwer erkrankte. Obgleich er 40 Grad Fieber hatte, mußte er noch an den Arbeiten in der Wupper teilnehmen und schwere Steine schleppen. Als sein Zustand sich verschlimmerte und er schließlich auch einen Blutsturz bekam, wurde er am 2. 11. 1933 in das Krankenhaus eingeliefert. Dort wurde er am 6. 11. an einem eitrigen Nierenabszeß, der auf die Mißhandlungen zurückzuführen war, operiert und wurde erst am 11. 1. 1934 aus dem Krankenhaus entlassen. Als Folge der Mißhandlungen hat Mehling ein Blasenleiden zurückbehalten neben einer tiefen Operationsnarbe, durch die seine Rückenmuskulatur derart geschwächt ist, daß er seinem früheren Beruf als Schlosser nicht mehr nachgehen konnte. Mehling wurde kurze Zeit nach seiner Entlassung aus dem Krankenhause auf Grund eines Schreibens des damaligen Gefängnisarztes Dr. Schütt aus der Untersuchungshaft entlassen. Auszugsweise hat dieses Schreiben folgenden Wortlaut:

„. . . . Mehling ist lebensgefährlich erkrankt gewesen. . . Ich habe noch nie in meiner achtjährigen Gefängnisarzttätigkeit einen so anständigen, bescheidenen, anspruchslosen, selbst in schwerstem Krankheitszustand stets freundlichen und dankbaren Patienten gehabt, wie diesen kleinen Mehling! Ich glaube ihm aufs Wort, daß er keinen Fluchtversuch machen wird und würde mich freuen, wenn er mit der weiteren U.-Haft, auch im Hinblick auf seinen körperlich reduzierten Zustand verschont bliebe."
Das Verfahren gegen Mehling ist damals eingestellt worden.

Der Zeuge Leon hat gesehen, daß Mehling im Aufzug verprügelt worden ist, und daß er nach der Rückkehr auf den Saal auf dem Rücken 27 offene Wunden gehabt hat, die er mit ungezalzener Butter, die er gerade vorher geschickt bekommen hatte, eingeschmiert hat.

Der Zeuge Jung hat als Sanitäter Mehling behandelt. Als er Mehling in Behandlung bekam, hat er ihn, den er vorher als einen kräftigen gesunden Turner, der mit Leichtigkeit einen Mann hoch stemmen konnte, nicht wiedererkannt, weil er nur noch eine Ruine von Mensch gewesen sei, ständig ein schmerzverzerrtes Gesicht und den Körper voller Geschwüre gehabt habe. Als er Mehling zum erstenmal gesehen habe, habe er dicke geschwollene Lippen und verschiedene offene Wunden in der Nierengegend gehabt. Als Mehling dann schließlich einen Blutsturz bekommen habe, sei er ins Krankenhaus eingeliefert worden.

Auch der Zeuge Ludwig Glaser bestätigt, daß Mehling vor der Mißhandlung ein vollkommen gesunder und kräftiger Mensch und ein tüchtiger Turner gewesen sei und nach der Mißhandlung nur eine Ruine von Mensch.

Fall 15. (Willi Ising).

Der Dreher Willi Ising wurde im Sommer 1933 festgenommen und, nachdem er zunächst schwere Mißhandlungen im SA.-Heim Wuppertal-Hahnerberg über sich ergehen lassen mußte, nach einiger Zeit in das Lager „Kemna" eingeliefert. Gleich bei der Ankunft wurde er von dem Beschuldigten Danowski geschlagen, weil Ising nicht zugeben wollte, daß sein Name Hermann Kötting sei. Danowski hat solange geschlagen, bis Ising schließlich zugab, Kötting zu sein. Einige Zeit später wurde er eines abends um 21 Uhr zur Vernehmung in den SA.-Saal geholt, wo man bestimmte Aussagen von ihm verlangte. Als er diese nicht wunschgemäß machte, wurde er in übelster Weise mit Schlagwerkzeugen aller Art mißhandelt. Diese Vernehmungen wiederholten sich in mehreren Nächten hintereinander. Dabei wurden Ising mit einer Pistole die Zähne ausgeschlagen. Er hatte Verletzungen am Kopf, sein Unterkiefer war gespalten, sein Nasenbein zweimal zertrümmert, außerdem hatte er Zehen- und Fingerbrüche. In die offenen Wunden auf dem Rücken streute man Pfeffer und Salz. Mit Bleikabeln schlug man auf sein entblößtes Geschlechtsteil. Als er während der Mißhandlung einmal Kot verloren hatte, rührte man diesen in einem Gefäß mit Wasser an und zwang Ising, ihn zu sich zu nehmen. Als er sich weigerte, wurde er mit einem Gummiknüppel verprügelt. In dem Verschlag unter der Kellertreppe, versuchte er aus Verzweiflung, sich mit einem Stück Blech die Pulsadern zu öffnen. Als beteiligt an den Mißhandlungen nennt er die Beschuldigten Paul Schmidt, Bläsing, Danowski und den verstorbenen Feußner. Als der Beschuldigte Maikranz ihm erklärte, wenn er kein Geständnis ablege, würde auch seine Frau festgenommen und sein Junge in ein Weisenhaus geschafft werden, gab Ising aus Furcht, daß diese Androhung wahrgemacht würde, alles zu, was Maikranz von ihm wissen wollte.

Der noch in russischer Kriegsgefangenschaft befindliche Bergfeld hat bei seiner Vernehmung im September 1934 angegeben, daß er Ising behandelt habe. Dieser sei ihm am 17. 8. 1933 vorgeführt worden mit dick geschwollenen Armen und Füßen und blutunterlaufenen Stellen am ganzen Körper. Er habe sofort feststellen können, daß die Verletzungen von Schlägen mit Gummiknüppeln und ahnlichen Werkzeugen hergerührt hätten. Ising habe auch einen Selbstmordversuch gemacht. Der Beschuldigte Hilgers habe ihm jedoch verboten, wie er das bei anderen Selbstmordversuchen auch getan habe, derartige Fälle in das Revierkrankenbuch einzutragen.

Der Zeuge Ochel hat mit Ising zusammen auf einem Saal gelegen und bekundet, daß Ising die Zähne ausgeschlagen und das Nasenbein zertrümmert gewesen sei.

Der Zeuge Kothe will wissen, daß Ising gezwungen worden sei, Erbrochenes wieder aufzuessen.

Fall 22. (Theodor Deis).

Der Tiefbauarbeiter Theodor Deis kam am 23. 9. 1933 in das Lager. Da er Leiter des Kampfbundes gegen den Faschismus gewesen war, wurde er dem Lager als besonders gefährlich gemeldet. Schon bei der Einlieferung, als er mit dem Gesicht zur Wand stand, wurde er von ihm nicht bekannten Wachmannschaften geschlagen und getreten. Bei der Aufnahme der Personalien sagte der Beschuldigte Wolff zu den anwesenden Wachmannschaften, sie sollten ihm erst mal einige geben. Daraufhin wurde er mit Gummiknüppeln, einer Peitsche und einem Spazierstock geschlagen. Nachdem er seine Personalien angegeben hatte, stieß ihm der Beschuldigte Weischet einen Ballen altes Zeitungspapier in den Mund, beugte ihn mit dem Kopf nach vorne und vier andere Wachmannschaften schlugen dann auf Deis ein, darunter der inzwischen verstorbene Feußner. Dann wurde er mit den Kleidern in die Wupper gejagt und hier wiederholt untergetaucht. Am Ufer stehende Wachmannschaften warfen auch mit Steinen auf Deis, wobei er mehrfach getroffen wurde. Dann mußte er sich im Flur wieder an die Wand stellen. Hier bewachte ihn der noch in russischer Kriegsgefangenschaft befindliche, damalige Sanitäter der SA. Bergfeld. Bergfeld schlug ihm verschiedentlich mit der Pistole gegen den Kopf und befahl außerdem Deis, den Kopf vorzustrecken, woraufhin Bergfeld den Deis dann mit aller Wucht ins Gesicht boxte. Einer der Wachmannschaften, ob es Bergfeld oder der Beschuldigte Weber gewesen ist, ist noch nicht geklärt, steckte dem Deis alsdann eine brennende Zigarre in den Mund, die dieser auf Befehl essen mußte. Als er versuchte, die Zigarre auszuspucken, wurde ihm der Mund zugehalten. Nach einiger Zeit wurde er dann erneut zur Vernehmung geholt und hier, nachdem man ihm wieder Papier in den Mund gesteckt hatte, in gleicher Weise wie vorher verprügelt. Die „Vernehmung" hat etwa 1 Stunde gedauert. Der vernehmende damalige SA.-Sturmbannführer Pfeiffer, erklärte ihm dabei, das sei das Mittelalter und ob er gesehen hätte, wie Max Hölz verstümmelt worden sei, so würde es ihm auch gehen, aber nicht auf einmal, denn sie wollten lange etwas davon haben. Dann wurde er mit einem Fußtritt in den Verschlag unter der Treppe befördert. Im Laufe der Nacht wurde er wiederholt u. a. auch von den Beschuldigten Paul Schmidt und Weber herausgeholt und mit Schlagwerkzeugen und von Weber insbesondere mit dem Kolben einer Maschinenpistole verprügelt. Schmidt erklärte ihm überdies, daß er diese Nacht noch im Steinbruch erschossen würde. Deis war durch diese Mißhandlungen derart verzweifelt, daß er versuchte, sich mit einem Schuhriemen aufzuhängen. Am Nachmittag des nächsten Tages, einem Sonntag, wurde Deis von dem Beschuldigten Paul Schmidt in den SA.-Saal geholt und aufgefordert, zu bekennen, wo er die Flugblätter und die Pistolen hätte. Als er keine Angaben machen konnte, wurde er über eine lange Bank gezogen, Schmidt drückte ihm Papier in den Mund, hielt ihn am Kopf fest, zwei andere hoben seine Beine hoch und dann wurde er von verschiedenen Wachmannschaften in unmenschlichster Weise vom Kopf bis zu den Füßen geschlagen, wobei Schmidt öfters die Wachmannschaften durch den Zuruf: „Tempo, Tempo" ermunterte. Als es Deis einmal gelang, sich loszureißen, versuchte er zum Fenster herauszuspringen und zerbrach dabei eine Scheibe. Er wurde nun von dem Beschuldigten Danowski zurückgeholt und mit einem Ochsenziemer verprügelt. Dann wurde er wieder über die Bank gezogen und erneut von mehreren anderen verprügelt. Schließlich mußte er unter den an der Wand stehenden Betten herkriechen und wurde dabei von Wachmannschaften, die in den Zwischenabständen zwischen den Betten standen, geschlagen und getreten. Schließlich gelang es ihm, wieder unter den Verschlag unter der Treppe zu flüchten. In der kommenden Nacht hat dann Deis versucht sich aufzuhängen. In den nächsten Tagen ist er dann noch mehrmals verprügelt worden; die Prügelaktion hat insgesamt 7 Tage gedauert.

Am 14. 10. wurde Deis zur Vernehmung durch den Gestapo-Beamten Pedrotti geholt. Da er wieder nicht die gewünschten Angaben machte, wurde er wiederum in unmenschlichster Weise verprügelt. Als er schließlich zusammengebrochen auf dem Boden lag, trat ihn Weischet so lange, bis er sich wieder erhoben hatte. Während der Mißhandlungen wurde er u. a. auch gezwungen, das sogenannte „Kemna-Häppchen", Salzheringe mit Staufferfett und Salz beschmiert, zu essen. Auch steckte man ihn eines Tages in einen Sack und schleppte ihn zur Wupper mit der Drohung, wenn er jetzt keine Angaben mache, würde er ersäuft. Er wurde dann auch mehrmals in der Wupper untergetaucht.

In dem gegen Deis anhängig gewesenen Hochverratsprozeß-verfahren bei dem Strafsenat des Oberlandesgerichts Hamm, wurde er freigesprochen.

Als beteiligt an den Mißhandlungen hat Deis folgende Beschuldigte genannt. Wolff, Weischet, Hilgers, Paul Schmidt, Maikranz, Weber, Hoffinger, Bläsing, Danowski, den verstorbenen Feußner und den noch in russischer Kriegsgefangenschaft befindlichen Bergfeld.

Der Zeuge Jung ist bei den Mißhandlungen des Deis dreimal zugegen gewesen. Er hat gesehen, daß je zwei Mann den Deis an Armen und Beinen festgehalten und ihn dann über eine Bank gezogen und mit Gummiknüppeln, Ochsenziemern, Hundepeitschen, Kabeldraht und anderen Schlagwerkzeugen verprügelt haben. Ein anderes Mal hat er gesehen, daß Deis auf dem SA.-Saal unter die Betten geflüchtet war, wo man weiter auf ihn einschlug und eintrat und ihn auch mit der Pistole bedrohte. Er schildert, wie Deis in seiner Verzweiflung das zweistöckige eiserne Bettgestell mit einer derartigen Wucht in die Höhe gedrückt habe, daß sich die Spitzen der Eckstäbe in der Decke abgedrückt und diese Löcher deutlich zu sehen waren. Er hat auch gesehen, daß Deis mit dem Kopf in die Fensterscheibe gerannt ist, um aus dem Fenster zu springen. Auch die Mißhandlung bei der Einlieferung hat Jung beobachten können. Als beteiligt an diesen Mißhandlungen bezeichnet er die Beschuldigten Weber, Wolff, Altwicker, Hoffinger, Danowski, die inzwischen verstorbenen Warnstedt, Förster, Feußner. Der Zeuge Jung, der als Sanitäter im Lager tätig war, hat die Verletzungen des Deis behandelt. Er erklärt, Deis sei furchtbar zugerichtet gewesen und hätte schlimme Schlagwunden auf dem Rücken gehabt. Als er ihm das Hemd ausgezogen habe, sei alles von Blut verkrustet und das Hemd festgeklebt gewesen, daß er es habe losreißen müssen. Deis habe unter dauernden Kopfschmerzen infolge der Schläge auf den Kopf gelitten, so daß er ihm dauernd Tabletten gegen Kopfschmerzen habe geben müssen.

Der Zeuge Jung hat auch die Wunden im Mund des Deis behandelt, die dadurch entstanden waren, daß man Deis brennende Zigarren in den Mund gedrückt hatte.

Der Zeuge Herbertz, der Deis von früher her kannte, hat Deis nicht wiedererkannt, als er ihn nach 10 Tagen wiedersah. Er hat auch gesehen, daß Deis den ganzen Rücken und die Beine zerschlagen hatte und daß fast sämtliche Zähne losgeschlagen waren. Als Deis, mit dem er zusammen auf dem Saal gelegen habe, nach der späteren Vernehmung nach etwa 3 Stunden zurückgekommen sei, habe er den Eindruck eines Verrückten gemacht und sich aufhängen wollen. Er habe stark aus dem Mund geblutet, seine Hose sei von den Schlägen vollkommen zerfetzt und das Gesäß blutig gewesen. Auch habe er zwischen den Beinen nach dem Geschlechtsteil hin blutige Wunden gehabt. An einer Stelle auf dem Kopf habe man die Haare wegrasiert und Deis habe ihm erzählt, daß der Beschuldigte Hoffinger ihm an dieser Stelle die Pistole angesetzt habe, um ihn zu erschießen.

Der Zeuge Artur Dahmann bekundet, daß der Beschuldigte Weber es besonders auf Deis abgesehen habe und die häufigen „Vernehmungen" in erster Linie auf das Betreiben Webers zurückzuführen seien.

Dieses sind nur einige Beispiele aus der Fülle von über 200 eidlich bekräftigten Zeugenaussagen, die wiederum auch nur einen Ausschnitt aus dem wahren Umfang der tatsächlichen Vorkommnisse darstellen.

XII.

Selbstmordversuche am laufenden Band.

Die grauenhafte Athmosphäre in der Kemna und ihre Rückwirkung auf den seelischen Zustand der Insassen kann man am besten aus den massenhaften Selbstmordversuchen ablesen. Die Motive hierzu waren von zweierlei Natur; wobei beiderlei Beweggründe in den meisten Fällen sich gleichzeitig ergänzten und in enger Wechselbeziehung standen.

Einmal war es ein ganz impulsiver Akt der Flucht vor neuen Mißhandlungen. Die Gepeinigten waren derartig gequält worden, daß sie ein Ausscheiden aus dem Leben weiteren Quälereien vorzogen. Zum Teil wurden sie von den Unmenschen bewußt zu einer Selbstmordhandlung getrieben — um sie dann, wenn sie sich schon von der erlösenden Nacht des Todes umpfangen glaubten, brutal wieder in die umenschliche Wirklichkeit zurückzureißen. Es war dieses für die Peiniger nur eine besondere Nuance ihres frivolen Spiels mit Menschenleben. Sie legten es manchem Opfer nahe, seinem Leben selbst ein Ende zu bereiten, indem sie ihm zynisch einen Strick oder eine Pistole anboten. Wenn dann der Unglückliche in seiner Verzweiflung und Ausweglosigkeit danach griff, lachten die Henkersknechte höhnisch auf: „Das wäre ja bequem für dich. So einfach sollst du es aber nicht haben. Wir bringen dich stückweise um!" — Und die Folterungen begannen von neuem.

Eine gleichgeartete grausame Methode, die eigentlich die Spitze der Unmenschlichkeit darstellt, war es, einem Menschen seine Erschießung anzukündigen. Alle Vorbereitungen wurden dafür getroffen. Er mußte seinen Angehörigen einen Abschiedsbrief schreiben. Die Erschießung wurde ihm mit Tag und Stunde in einem Steinbruch angesagt. Zur bestimmten Stunde wurde er auch zu der bestimmten Stelle geführt, die Augen wurden verbunden und die Pistolen hörbar entsichert. Der Unglückliche bekam dann — in der Erwartung seines Todes — mit Hohnlachen einen brutalen Stoß in den Rücken und es wurde ihm gesagt: „So billig kommst du nicht weg! Dich haben wir noch für Besseres aufgespart. Von dir wollen wir noch was haben!" — Und sie begannen mit neuen Peinigungen.

Um weiteren Quälereien zu entgehen, suchten also viele ihren Ausweg in der Selbstentleibung.

Ein anderer Beweggrund für solch einen Verzweiflungsschritt war die Meinung, nach diesen Erlebnissen überhaupt nicht mehr leben zu können. In diesen Menschen war der Glaube an Recht, Menschlichkeit, an das Gute im Menschen einfach zerbrochen. Nach der Bekanntschaft mit solchen Bestien in Menschengestalt war ihre Menschenwürde geschändet, danach war das Leben für sie nicht mehr lebenswert. Sie hatten in die Abgründe menschlicher Verirrungen geschaut und schauderten vor jeder weiteren Bekanntschaft mit dem Leben und mit dem Menschen zurück. Die ganze Menschheit war für sie durch diese ihre traurigsten Vertreter entwürdigt — nach solchen Erfahrungen konnten sie nicht mehr weiterleben, ohne in jedem anderen Menschen die Bestie, den Teufel zu sehen und angeekelt zu sein. Ihre Konsequenz war der Versuch des Sprunges in die Nacht des Todes.

Es gab Tage, an denen mehrmals die Alarmnachricht durch das Lager lief, daß sich dort einer erhangen, dort einer die Pulsader geöffnet hatte. Durch die Zusammenpferchung so vieler Menschen auf engem Raum, war es nur selten möglich, hierzu einen unbewachten Augenblick zu erhaschen. So konnte durch besonnene Kameraden in den meisten Fällen rechtzeitig eingegriffen werden. Die Selbstmordversuche durch Öffnen der Pulsadern nahmen jedenfalls einen solchen Umfang an, daß die Lagerleitung für alle Insassen den Besitz irgendwelcher Messer, Rasierklingen usw. verbot. Zum Brotschneiden wurde eine primitive Brotmaschine aufgestellt, vor der sich immer eine lange Schlange staute, sodaß die meisten es vorzogen, den „Karo" einfach aus der Hand zu essen, d. h. ihr Brot mit den Händen brachen.

Die unglücklichen Lebensmüden fanden aber doch immer wieder einen Ausweg — so zerfetzte sich einer seine Handgelenke an der Pulsader mit einem rostigen Nagel, ein anderer sprang von dem Dach des dreistöckigen Gebäudes und blieb mit zerschmetterten Gliedern unten liegen.

Die Selbstmordversuche nahmen zeitweise ein solches Ausmaß an, daß man dauernd auf den Sälen bleiche Menschen mit geschienten Unterarmen antraf.

XIII.

Hoher Besuch.

Eines Tages war im Lager große Aufregung. Die Truppführer liefen geschäftig hin und her. Es wurde versucht, dem Lager einen aufgeräumten und gesäuberten Anstrich zu verleihen. Hoher Besuch war angekündigt. Der hoffnungsvolle Hohenzollernsprößling, Prinz August Wilhelm von Preußen, genannt „Auwi", Sohn des Exkaisers, kam nach Wuppertal und sollte auch das Konzentrationslager Kemna besichtigen. Prinz Auwi war nicht zum erstenmal in unserer Stadt. Schon in den vergangenen Jahren hatte er als Reklamereiseredner für die Nazi-Partei in Wuppertal gesprochen. Sein jetziger Besuch war in mehrfacher Hinsicht sensationell. Denn zu gleicher Zeit war der bekannte und berüchtigte Massenmörder SA.-Sturmführer August Puppe von einem Kumpan erschossen worden. Puppe war mit diesem in Streit verwickelt und hatte ihn niedergeschossen. Der schon am Boden liegende Getroffene war noch so geistesgegenwärtig, seinen Mörder durch einen Schuß ebenfalls niederzustrecken. Polizeipräsident Veller ordnete ein Ehrenbegräbnis an und der gerade anwesende Prinz Auwi wurde zur Teilnahme aufgefordert, unter dem Hinweis, daß es sich bei dem Toten um ein Opfer der „Roten" handele. Die Weltpresse war über die Zusammenhänge besser im Bilde und berichtigtete darüber unter der Schlagzeile „Kaisersprößling hinter dem Sarge eines 35fachen Mörders."

Da Auwi durch diese Angelegenheit schon einmal mit dem Gangster-Milieu in unmittelbare Berührung gekommen war, konnte es nach Ansicht Vellers auch nicht schaden, wenn er mal Einblick in die Kemna nahm. Mit einem großen Stab von örtlichen SA.- und Partei-Würdenträgern machte also Auwi einen kurzen, oberflächlichen Durchgang. Die Belegschaften der Säle mußten antreten, die Stubenältesten kommandierten „Achtung" und machten Meldung. Auwi steckte seinen langen Hals mal vorsichtig durch den Türrahmen, hob den Arm zum Hitler-Gruß und zog sich schnell wieder zurück. Die Situation war ihm sichtlich peinlich und er übersah anscheinend noch nicht, was für eine Rolle er dabei spielte — daß es keine rühmliche war, schien er doch schon zu ahnen. Um die Peinlichkeit noch zu erhöhen, wurde ihm von einem Gefangenen ein Blumenstrauß überreicht. Der SA.-Scharführer Wilhelm Hintz, der vor Ehrfurcht gegenüber dem „hohen Gast" förmlich aus dem Häuschen geraten war, hatte schnell einen Blumenstrauß aufgetrieben und einem Häftling befohlen, diesen dem „Prinzen" zu übergeben. Auwi nahm ihn an, hob wieder sein Händchen mit einer gelungenen Gebärde zum Hitler-Gruß und reichte den Strauß schnell einer hinter ihm stehenden Personen weiter.

Die Pointe dieser Geschichte kam am anderen Tage, als die „Volksparole" von dem Prinzenbesuch in der Kemna berichtigte. Dem Bericht der „Volksparole" zufolge hatte es Auwi in den wenigen Minuten seiner Anwesenheit im Lager verstanden, mit den Insassen in menschlichen Kontakt zu kommen, so daß diese zum Ausdruck ihrer Sympathie schnell einen bunten Strauß wanden und ihn dem Hohenzollernsprößling überreichten. So die Geschichte in der romantischen Verklärung durch die Volksparole — die wirkliche Begebenheit siehe oben!

Ansonsten hat der Besuch von Auwi in der Kemna keine Spuren hinterlassen. Die Peinigungen und Mißhandlungen nahmen ungehindert ihren Fortgang wie vordem.

XIV.

Die Wachmannschaft bereichert sich am Eigentum der Schutzhäftlinge.

Bei der Aufnahme ins Lager wurde allen Schutzhaftgefangenen sämtliche Wertgegenstände, Uhren, Brieftaschen, Geld usw. abgenommen, mit dem Bemerken, daß diese Gegenstände für sie in Verwahr gehalten und ihnen bei der Entlassung wieder ausgehändigt würden. Jedoch hat niemand sein Eigentum wiedergesehen. Da die Verhaftungen und Einlieferungen gewöhnlich überraschend geschahen, hatten die Betroffenen meistens keine Gelegenheit, ihre mit sich geführten Wertsachen einer Vertrauensperson zu übergeben. So würden sie also mit teilweise wertvollen Uhren und erheblichen Geldbeträgen eingeliefert. Dies alles wurde ihnen ohne Formalitäten abgenommen und sie bekamen es nie wieder zu Gesicht.

Der Empfang von Geldern, die durch die Post überwiesen wurden, mußte quittiert werden, ohne daß sie je ausgehändigt wurden. Die Angehörigen der Gefangenen sparten sich manches vom Munde ab, um ihren Männern, Söhnen oder Brüdern ein Paket mit zusätzlichen Lebensmitteln bringen zu können. Diese Liebesgabenpakete wurden am Tor des Lagers abgegeben und durchliefen erst eine Prüfung auf der SA.-Wachstube. Dabei blieben die begehrenswerten Dinge an den Fingern der Wachleute kleben. Öfters wurden Pakete mit Lebensmitteln und Kleidungsgegenständen überhaupt nicht weitergegeben; der Häftling bekam die ihm von der Liebe seiner Familie zugedachten Dinge gar nicht in die Hände. Die parasitären SA.-Leute konnten alles gebrauchen, was ihnen unter ihre begehrlichen Augen kam — ohne Frage nach Herkunft und Eigentümer.

In diesem Zusammenhang muß noch eine besondere Methode der selbständigen Bereicherung durch die SA.-Mannschaften Erwähnung finden. Einzelne Mitglieder der Wachmannschaft suchten die Angehörigen von Inhaftierten auf. Begreiflicherweise wandten sie sich mit Vorliebe an junge Frauen. Sie versuchten sich zuerst mit Hilfsbereitschaft aufzuspielen und ließen sich Geld, Lebensmittel und Rauchwaren geben mit dem Hinweis, sie würden dieses so gewissermaßen „als gute Freunde" den Inhaftierten weitergeben — (die jedoch natürlich nie davon etwas zu sehen bekamen). Wenn die Angehörigen, bzw. die jungen Frauen sich durch solche Rattenfänger-Flötentöne nicht fangen ließen, gingen die Unholde zu massiven Drohungen über, wiesen darauf hin, daß sie den Mann in ihren Fingern hätten und dieser für die Abweisung des Erpressers durch seine Angehörigen im Lager büßen müsse. Es waren natürlich die wenigsten Frauen, die nicht in zitternder Angst um Leben und Gesundheit ihres Mannes oder Sohnes ihr Letztes hergaben. So oder so kamen also die Erpresser gewöhnlich zu ihrem Ziel. Ja, bei jungen Frauen schreckten sie sogar vor Nötigungen nicht zurück und erzwangen alles mit der Drohung, daß der inhaftierte Mann eine evtl. Abweisung durch Mißhandlungen entgelten müsse.

Eine andere Bereicherungsgelegenheit, die nebenbei zu mancher komischen Situation Anlaß gab, war der Kleintierbestand des Lagers. Für die Wachmannschaftsverpflegung wurden einige Hühner, Gänse und Schweine gehalten, die von den Küchenabfällen gefüttert wurden. In diesen Tierbestand machte mancher Wachmann einen selbständigen Eingriff und es kam darob zu manchen Streitigkeiten der Helden untereinander. Es war für die Häftlinge öfters ein Anlaß zur Belustigung, wenn sich ihre „ehrenhaften Wächter" untereinander des Gänse- oder Eierdiebstahls beschuldigten.

XV.
Die Auflösung.

Allmählich machte man doch die Feststellung, daß ein Konzentrationslager unmittelbar am Rande einer lebhaften Großstadt ein zu großer Unsicherheitsfaktor war und daß immer mehr von den dortigen Zuständen in der Öffentlichkeit durchsickerte. Schon im Oktober 1933 wurde ein größerer Transport von Kemna-Insassen zusammengestellt und in das Emsland-Moor überführt. Diesem Transport war im September gewissermaßen ein Vortrab vorausgeschickt worden. Mit einem Auto wurde der ehemalige Wohlfahrtsminister Hirtsiefer in das Lager Börgermoor verschickt. In dem gleichen Wagen nahm auch ein gewisser Thorner aus Elberfeld seinen Weg, der als Schutzhäftling in die Kemna eingeliefert worden war, sich aber später als Gestapo-Spitzel entpuppte und manchen aufrechten Widerstandskämpfer ans Messer lieferte.

Am 17. Oktober 1933 wurden also die ersten 111 Schutzhäftlinge in das Emsland-Lager Neusustrum überführt. Die Gelegenheit dieses Transportes benutzte wieder die total besoffene begleitende Wachmannschaft zu neuen Exzessen.

Dann liefen allerlei Gerüchte über Zerwürfnisse in der SA.-Führung und Streitigkeiten unter der Wachmannschaft herum. Anfang Dezember 1933 geschah jedenfalls die Tatsache, daß der Lagerkommandant Hilgers durch den SA.-Sturmbannführer Wolters ersetzt wurde. Mit dem Dienstantritt des neuen Kommandanten Wolters besserte sich einiges im Lager. Wolters verlangte strenge Zucht und Ordnung von seinen SA.-Leuten und äußerte den Gefangenen gegenüber, daß er keine Mißhandlungen dulde und daß sich jeder beschwerdeführend an ihn wenden könne. Mittlerweile lichteten sich die Reihen der Kemna-Insassen immer mehr. Gegen verschiedene wurde versucht, ein Hochverratsverfahren in Bewegung zu setzen und sie wurden zwecks dessen in gerichtliche Untersuchungshaft überführt. Einige wurden auf Grund einer sogenannten „Weihnachts-Amnestie" entlassen. Andere kamen in entlegenere Konzentrationsläger, die nicht so sehr unter den Augen einer Großstadt lagen.

Aber bevor im Januar 1934 der letzte Insasse das Schreckenslager Kemna verließ, erfüllte sich noch das Schicksal des neuen Kommandanten Wolters, der versucht hatte, den Mißhandlungen Einhalt zu tun und der sich dadurch in erheblichem Widerspruch zu seiner Wachmannschaft gesetzt hatte. Eines Tages wurde Wolters erschossen aufgefunden! Mit der tödlichen Schußwunde saß er zusammengesunken in seinem Sessel auf der Schreibstube des Lagers im Erdgeschoß. Aus dem Einschuß und dem Durchschuß im Fenster war genau die Schußbahn zu verfolgen. Der Mordschütze mußte am Drahtzaun zwischen dem Gebäude und dem Eisenbahndamm der Strecke Oberbarmen-Beyenburg gestanden haben. Jedoch ist der Mörder, bzw. die Mörder, nie ausfindig gemacht worden. Bemerkenswert ist hierbei, daß auch keine besonderen Bemühungen angestellt wurden, um den Mordfall aufzuklären und die Täter festzustellen.

So tragisch, dunkel und blutig wie die Geschichte des Konzentrationslagers Kemna anhob und ablief, so endete sie auch — vorläufig!

XVI.
Ein Zwischenspiel.

Mitte Januar wurden die Pforten des Konzentrationslagers Kemna geschlossen — doch sein Geist, die dort zum System erhobene Unmenschlichkeit, wirkte fort — in vielerlei Gestalt und in hunderten von anderen Lägern. Esterwegen, Börgermoor, Dachau, Oranienburg, Sachsenhausen, Buchenwald usw. sind Etappen des weiteren Weges, der gradlinig und mit infernalischer Konsequenz zu den Massenvernichtungsfabriken von Mauthausen, Auschwitz, Theresienstadt, Maidanek usw. führte. In Wuppertal kam es aber noch zu einem besonderen Intermezzo als Folgerung der Kemna, das als Vorgeschichte zu dem Prozeß gegen die Wachmannschaft im Jahre 1948 eine beachtliche Bedeutung hat.

1934 wurde von der Staatsanwaltschaft Wuppertal ein Ermittlungsverfahren in Sachen Kemna eingeleitet. Einerseits war schon soviel von den dort begangenen Missetaten in die Öffentlichkeit gedrungen, daß man ein Ventil schaffen mußte, und andererseits waren starke Spannungen zwischen der SA.-Wachmannschaft, deren Führer sich bei dem Kemna-Geschäft wirtschaftlich gesundgestoßen hatten, und anderen SA.-Führern aufgetreten. Diese besondere Konstellation einer Athmosphäre heftiger Intrigen erlaubte es damals dem Staatsanwalt Winckler Zeugenerhebungen über die Vorgänge in der Kemna anzustellen. Doch bevor die Ermittlungen abgeschlossen waren und die Dinge an die Öffentlichkeit kamen, wurde von München energisch eingeschritten, das Verfahren abgewürgt und ein Scheinprozeß vor dem Obersten Parteigericht durchgeführt. Einige SA.-Führer wurden durch eine einstweilige Verfügung des „Stellvertreters des Führers" vom 18. 8. 1934 aus der Partei ausgestoßen. Die Betroffenen erhoben Einspruch. In einer Hauptverhandlung vor dem Obersten Parteigericht, am 19. und 20. Februar 1935 kamen die Verhältnisse im Lager Kemna zur Sprache. Die Ermittlungen der Staatsanwaltschaft wurden damit abgetan, es handele sich um völlig übertriebene und zum Teil auch unglaubwürdige Aussagen. Man stützte sich im wesentlichen auf die Aussagen von Personen, die alte Parteigenossen waren, zum Lager Beziehungen gehabt hatten oder nur gelegentlich bei einer Besichtigung Einblick in die Verhältnisse bekommen haben wollten. Das Oberste Parteigericht sprach lediglich eine Verwarnung aus, weil die Angeschuldigten in ihrem Diensteifer für Führer und Staat sich zu teilweise zuweitgehenden Handlungen hatten hinreißen lassen. Das Ermittlungsverfahren der Staatsanwaltschaft wurde durch Erlaß Hitlers vom 20. Februar 1936 niedergeschlagen.

Der Staatsanwalt Winckler war für sein mutiges Auftreten für Recht und Wahrheit, heftigen Anfeindungen und Verfolgungen ausgesetzt. Von Seiten der Partei wurde eine wüste Hetze gegen ihn entfacht, deren Führung in den Händen des Rechtsanwalts Schroer, Elberfeld, lag. Selbst vor Mordanschlägen scheute der ehemalige Lagerkommandant nicht zurück. Der SA.- und Wachmann Danowski äußerte sich schon 1934 unverblümt, daß man Winckler noch „erledigen" werde. Der Erfolg dieser Hetze blieb nicht aus; unter dem Druck der Partei-Instanzen schickte der damalige Reichsjustizminister Gürtner den Staatsanwalt Winckler in die Wüste, d. h. er wurde nach Kassel strafversetzt.

Doch war seine Arbeit nicht umsonst gewesen, durch eine Menge Zeugenvernehmungen, die noch unter dem unmittelbarem frischen Erlebnis der Kemna zustande gekommen waren, war wertvolles Material zusammengetragen, das als Unterlage für den Prozeß von 1948 dienen konnte. Es gelang auch, dieses Aktenmaterial dem Zugriff der Partei zu entziehen und über alle Gefährnisse der Zeit zu retten und sicherzustellen.

XVII.
Der Kampf um den Kemna-Prozeß.

Nach der Maßregelung des Staatsanwaltes Winckler umhüllte vorläufig Schweigen die Vorkommnisse in der Kemna. Die Verbrecher fühlten sich in der scheinbar ewigen Beständigkeit des „1000 jährigen Reiches" geborgen. Doch die erlittenen Peinigungen lebten in der Erinnerung der Gepeinigten unauslöschlich fort. Unauslöschlich waren vor allem die hinterbliebenen sichtbaren Male an den Körpern der Gepeinigten. Der christliche Mensch sagt: Gottes Mühlen mahlen langsam, aber sicher. Und auch der andere Mensch, der von der Wirksamkeit der göttlichen Gerechtigkeit nicht überzeugt ist, glaubt an die eherne Gesetzmäßigkeit der geschichtlichen Entwicklung. Beide Auffassungen sollten ihre Rechtfertigung erfahren. Nach Verbreitung von furchtbaren Greueln und schrecklichen Verwüstungen auf dem Boden von ganz Europa brach das „1000 jährige Reich" nach 13 jährigem Bestehen jämmerlich zusammen.

Jetzt schien die Zeit der Sühne für die 1933 in der Kemna begangenen Missetaten gekommen. Jedoch mußte noch ein langwieriger, hartnäckiger Kampf um die Wiederaufrollung des Prozesses geführt werden. Es ist schließlich in erster Linie den unaufhörlichen Bemühungen der VVN - Wuppertal und ihres tatkräftigen Vorsitzenden Erich Werner zu verdanken, daß endlich 1947 Winckler wieder als Staatsanwalt eingesetzt und mit der Leitung der Anklage betraut wurde.

Erich Werner faßt den Kampf um die Einleitung des Kemna-Prozesses in folgendem Bericht zusammen:

„Als im Laufe der Jahre 1945-1946 ehemalige Insassen des Staatlichen Konzentrationslagers Wuppertal-Beyenburg (Kemna) aus der Kriegsgefangenschaft, krank aus den Zuchthäusern, K.Z.-Lägern und der Emigration zurückkehrten, waren sie überzeugt, daß der Volkszorn mit den Wachleuten und Verantwortlichen für die dort in den Jahren 1933-1934 begangenen Verbrechen abgerechnet hätte. Das war nicht der Fall. So tief hatte eine systematische Propaganda ein Volk erniedrigt, daß es die ehemaligen Wachleute wagen konnten, sich in Wuppertal frei zu bewegen. Ich sagte in einer Kundgebung zu Ehren der ermordeten Widerstandskämpfer im Herbst 1946: „Wenn unsere Ermordeten heute aufständen und in dieser Totenehrung erscheinen würden, so müßten wir unser Haupt vor Schmach verhüllen!"

Die im November 1946 gegründete VVN Wuppertal betrachtete es als ihre primäre Aufgabe, die Durchführung des Kemnaprozesses zu erzwingen. In jeder Kundgebung, in Eingaben an die Behörden usw. versuchte man die Angelegenheit voranzutreiben. Schwierigkeiten mancher Art stellten sich in den Weg. Mangelnde Unterstützung der Behörden und vor allem der Justiz. Die bequemste Ausrede war: Die Militärbehörde erlaubt den Prozeß nicht.

Der von den Alliierten bei der Befreiung der K.Z.-Läger gedrehte Dokumentar-Film „Die Todesmühlen" war die Waffe, die die VVN in Wuppertal brauchte. In einer ganzen Anzahl von Morgen- und Nachtvorstellungen konnten wir die Öffentlichkeit aufrütteln. Wir ließen nicht nur den Film sprechen, sondern zu jeder Aufführung wurde in einem Referat von 30 Minuten auf die Tatsache hingewiesen, daß schon im Jahre 1933 die im Film gezeigten Greuel in der Kemna von der Gestapo. und Wachmannschaft mit Wissen und Willen der höchsten Partei- und Justizstellen begangen wurden. Die Presse berichtete über diese Veranstaltungen. Allmählich wurden die Behörden gezwungen, in Sachen „Kemna" Stellung zu nehmen. Das wichtigste Argument, der Prozeß brauche zur Vorbereitung eine lange Periode der Ermittlungen, konnten wir durch einen besonderen Umstand widerlegen.

Wir wurden darauf aufmerksam gemacht, daß der ehemalige Staatsanwalt am Landgericht Wuppertal, Winckler, z. Zt. als Hilfsabeiter in einer Wuppertaler Herdfabrik beschäftigt war. In einer persönlichen Aussprache teilte uns Herr Winckler mit, daß er schon 1934 den Versuch gemacht hatte, die Schuldigen an dem

Kemnaverbrechen unter Anklage zu stellen. Auf Anordnung von Berlin wurde dieser Prozeß abgewürgt. Ein Scheinverfahren vor dem Obersten Parteigericht sollte die Bevölkerung täuschen. Gegen Staatsanwalt Winckler wurde nun von Seiten der Partei unter Anführung von Rechtsanwalt Schroer eine Hetze entfacht; selbst vor Mordanschlägen scheute der ehemalige Lagerkommandant Hilgers nicht zurück.

Die VVN Wuppertal informierte das Justizministerium, verschiedene andere Behörden und die Militärregierung. Nicht mehr die Forderung: Kemnaprozeß, sondern immer wieder in Wort und Schrift: Warum betraut man den Richter, der in den Jahren 1933-34 den Mut hatte, als die Justiz zur Dirne der NSDAP. herabgewürdigt worden war, eine wahrhaft menschliche und nationale Rechtsauffassung zu vertreten, nicht mit der Führung des 1934 eingeleiteten Prozesses. Wir betonten: Gibt es einen besseren Beweis, daß das deutsche Volk nicht widerspruchslos Hitler gefolgt ist, wenn durch die Einleitung des 1934 begonnenen Prozesses der Welt dokumentiert wird: Ja, das deutsche Volk will die begangenen Verbrechen sühnen, will diejenigen zur Verantwortung ziehen, die seinen Ruf geschändet haben. Dieser Kampf, der darüber hinaus von der gesamten VVN geführt wurde mit dem Ziel, die deutsche Justiz zu zwingen, endlich von sich aus die Verbrecher gegen die Menschlichkeit zur Verantwortung zu ziehen, mußte dann durch das ständige Versagen der Justiz von den Besatzungsbehörden entschieden werden. Durch das Kontrollratsgesetz Nr. 10 war endlich die Möglichkeit geschaffen, Verbrechen gegen die Menschlichkeit zu belangen.

Unsere unablässigen Bemühungen um die Wiedereinsetzung des Staatsanwalts Winckler waren nach Beseitigung des letzten Hemmnisses — Bestätigung durch die Militärbehörde — von Erfolg gekrönt. Damit war nach einer langen Vorbereitung erreicht, daß der fraglos beste Kenner der Prozeß-Materie nun die Durchführung eines vor 14 Jahren eingeleiteten Verfahrens übernehmen konnte — bestimmt ein Vorgang, der in der Justizgeschichte nicht häufig vorkommt.

Es bedurfte nun noch monatelanger Ermittlungen und Vorarbeiten, um den in der Geschichte des Landgerichts Wuppertal umfangreichsten Prozeß zu beginnen. In letzter Stunde wäre beinahe durch eine Zeitungsnotiz noch alles zerschlagen worden. Am Tage, da die Staatsanwaltschaft die Haftbefehle erließ, brachte eine Zeitung die Notiz: Wo bleibt der Kemnaprozeß? Dadurch wurden in letzter Minute die Angeklagten ungewollt gewarnt. Doch gelang es der Polizei, den geplanten Fluchtversuch zu vereiteln.

Als Auftakt zu dem eigentlichen Kemnaprozeß kann der Prozeß gegen die Polizeibeamten Schild und Maus von Radevormwald und der Prozeß gegen den Gestapo.-Beamten Eugen Pedrotti betrachtet werden. Der im Jahre 1934 begonnene Prozeß wurde am 29. Februar 1948 wieder aufgenommen. Er endete am 15. Mai 1948 nach mehr als 2monatiger Dauer. Damit wurde ein Kapitel aus der Wuppertaler Stadtgeschichte abgeschlossen, das zu einem der schaurigsten in den 12 Jahren der Nazi-Diktatur gehört."

Am 10. März 1947 wurde an den Justizminister Sträter, Düsseldorf, folgende Eingabe gemacht:

„An den Herrn Justizminister Dr. Sträter, Düsseldorf.

Die VVN Wuppertal unterbreitet Ihnen folgende Angelegenheit:

Die Vereinigung erstrebt seit ihrem Bestehen die Aufnahme der Prozesse in Sachen Kemna Wuppertal-Beyenburg, Synagogenbrandstiftung und von 30-40 Mordfällen in Wuppertal. Bei den Untersuchungen wurde immer wieder der Name des Staatsanwalts Winckler genannt. Dieser Beamte wurde 1933 von Seiten der NSDAP. als politischer Staatsanwalt in Wuppertal eingesetzt. Er sollte die Gegner des 3. Reiches unschädlich machen. Nach kurzer Zeit war er gezwungen, durch seine Rechtsauffassung gegen seine Auftraggeber vorzugehen. Er wurde nachts in ca. 30 Mordfällen geholt (In der Beck, Varresbeck, Clausen, Bevertalsperre.) Er bearbeitete die Mordfälle: Zahnarzt Dr. Meyer, Wuppertal-Barmen, Neuer Weg; Anstreicher Fritz Strunk, Wuppertal-Barmen, Clausenhof; Musiker Klein, Wuppertal-Barmen; Oswald Laufer, Wuppertal-Elberfeld, Wilhelmstraße, Fritz Stracke, Wuppertal-Barmen, Norrenberg; Altenloh, Wuppertal-Barmen, Heckinghausen, um aus der Fülle des Materials nur einige Fälle anzuführen, die bis heute noch nicht gesühnt sind. Bei der Untersuchung dieser Mordfälle wurden die beauftragten Beamten, die ihre Pflicht gewissenhaft erfüllten, inhaftiert im K.Z.-Kemna, z. B. der Kriminalbeamte Joh. Pauli (Mordsache Zahnarzt Meyer), jetzt wohnhaft Wuppertal-Elberfeld, Elsässer Straße 29. Auch Staatsanwalt Winckler erfuhr von der Errichtung des K.Z.-Lagers Kemna und von den dort begangenen fürchterlichen Mißhandlungen. Er stellte durch Vernehmungen die Übergriffe und Greueltaten, die im Lager begangen wurden, fest. Er hielt es für seine Pflicht das Reichsjustizministerium zu informieren.(z. B. Reichsanwalt Joel). Seine unablässigen Bemühungen um eine Sühnung der begangenen Verbrechen führten zu einem Verfahren vor dem Obersten Parteigericht in München. Hauptangeklagte: damaliger Polizeipräsident von Wuppertal Willi Veller, K.Z.-Lager-Kommandant Alfred Hilgers, die Sturmbannführer Alfred Schumann, Hans Pfeiffer, Paul Hufeisen; der Sturmführer Helmut Hoter; der Truppführer Bruno Wolff usw. Der letztere, dessen Vater Justizbeamter am Landgericht Wuppertal war, benutzte diese Verbindung, um die von Staatsanwalt Winckler verfaßten Eingaben, Vernehmungsprotokolle usw. abzuschreiben und seinen Mitangeklagten zur Kenntnis zu bringen.

Das Parteigericht degradierte die Angeklagten durch Versetzung in eine niedrigere Rangstufe und Strafversetzung. Gegen Staatsanwalt Winckler wurde eine wüste Hetze entfacht. Anführer dieser Hetze war Rechtsanwalt Schroer, Wuppertal-Elberfeld. Selbst vor Mordanschlägen schreckte man nicht zurück.

Der Reichsjustizminister Dr. Gürtner gab dem Druck der Partei-Instanzen nach und versetzte Winckler nach Kassel unter Abnahme der Prozeßführung. Die Staatsanwaltschaft Wuppertal-Elberfeld hat bis heute, 20 Monate nach dem Zusammenbruch, hoch nicht den Versuch gemacht, das empfindlich gestörte Rechtsbewußtsein und das Mißtrauen weiter Vokskreise gegen die Justiz durch Aufnahme dieses Prozesses zu beseitigen. Im Gegenteil, der Oberstaatsanwalt in Wuppertal teilte uns unter dem 22. 2. 47 Akt.-Zeichen 8 Js 303/46 mit, daß er am 15. 5. 46 die Akten der Militär-Regierung vorgelegt hat. Da die Akten noch nicht wieder eingegangen wären, sei eine Fortführung des Prozesses nicht möglich. Als Vertreter der VVN in Wuppertal haben wir bei Besprechungen mit den engl. Behörden nicht feststellen können, daß die engl. Behörden die Durchführung des Prozesses hindern. Es mehren sich die Fälle, daß die Schwermißhandelten aus dem K. Z.-Lager Kemna, beim offenkundigen Versagen der Polizei und der Justiz gegen freigelassene Naziverbrecher (Fall Korten vom Amtsgericht Wuppertal auf freien Fuß gesetzt) zur Selbsthilfe schreiten. Die VVN Wuppertal ist nicht in der Lage, in dieser Hinsicht zur Ruhe und Besonnenheit anzuhalten. Sollte es zu bedauerlichen Exzessen kommen, so lehnen wir die Verantwortung ab.

Immer stürmischer erhebt sich aus dem Kreise der VVN und der Bevölkerung die Forderung, Herrn Staatsanwalt Winckler, der heute Hilfsarbeiter bei Hohmann, Vohwinkel, ist, in den Justizdienst einzustellen und mit der Durchführung dieser Prozesse zu betreuen.

Wir bitten Sie, Herr Justizminister, die gesamte Angelegenheit zu prüfen und dem Verlangen unserer Mitglieder nach Durchführung der Prozesse Gehör zu schenken."

Der Justizminister, Düsseldorf schreibt am 2. Mai 1947 an die VVN Wuppertal betreffs Ermittlungsverfahren gegen Angehörige des Wachpersonals des Konzentrationslager Kemna, unter Bezug auf eine Eingabe vom 10. 3. 1947:

„In oben bezeichneter Angelegenheit laufen zur Zeit verschiedene Ermittlungsverfahren gegen Angehörige des gen. Konzentrationslagers. Die Verzögerung des Abschlusses dieser Verfahren ist darauf zurückzuführen, daß die Verfolgung solcher Verbrechen gegen die Menschlichkeit durch die deutschen Behörden bis zum Erlaß der Rechtsabteilung der Kontrollkommission (BE) vom 10. 9. 46, die auf Grund von Verordnung Nr. 47 der

Mil.-Reg. ergangen ist, nicht zulässig war, und die Mil.-Reg. die Durchführung dieser Verfahren erst mit dem Schreiben vom 19. 2. 47 genehmigt hat. Eine weitere Schwierigkeit ist dadurch entstanden, daß die Unterlagen der Vorgänge an die Mil.-Reg. in Verlust geraten sind. Es wird zur Zeit versucht, diese Akten, soweit überhaupt möglich, wieder herzustellen. Es ist vorauszusehen, daß das Material lückenhaft bleiben wird. In jedem Falle sind bis zur Erhebung der Anklage noch umfangreiche Ermittlungen erforderlich, da bisher der Aufenthalt und die näheren Personalien von vielen Beschuldigten nicht bekannt sind.

Die Durchführung von Verfahren wegen Verfolgung von Juden ist noch nicht möglich, da die Ermächtigung dazu noch nicht erteilt worden ist. (Anordnung der Rechtsabteilung der Kontrollkommission (BE) vom 20. 12.46.)

Ich werde mir vom Generalstaatsanwalt in Düsseldorf in dieser Angelegenheit weiter berichten lassen."

Der Ministerialdirigent im Sozialministerium Dr. Marcel Frenkel wurde durch folgenden Brief über die Bemühungen der VVN Wuppertal informiert:

Sehr geehrter Herr Ministerialdirigent Dr. M. Frenkel!

Die VVN Wuppertal unterbreitet Ihnen folgende Angelegenheit. Die Vereinigung erstrebt seit ihrem Bestehen die Aufnahme der Prozesse in Sachen K. Z.-Lager Wuppertal-Beyenburg (Kemna), Synagogenbrandstiftung und rund 30 Mordfälle in Wuppertal. Bei ihren Untersuchungen wurde immer wieder der Staatsanwalt Winckler vom Landgericht Wuppertal-Elberfeld genannt. Dieser Beamte wurde 1933 als pol. Staatsanwalt eingesetzt. Er sollte die Gegner des 3. Reiches unschädlich machen. Nach kurzer Zeit war er gezwungen, gegen seine Auftraggeber vorzugehen. Er vernahm eine große Anzahl Inhaftierter des K. Z.-Lagers Kemna. Auch sprach er häufig in Berlin im Reichsjustizministerium vor und schilderte die begangenen Verbrechen (Reichsanwalt Joel). Er erzwang ein Verfahren gegen die Beschuldigten am Obersten Parteigericht in München. Seine mutige und aufrechte Haltung

blieb nicht ohne Folgen. Unter Führung des Rechtsanwalts Schroer entstand eine Fronde. Staatsanwalt Winckler wurde bedroht. Vor Mordanschlägen mußte er auf Veranlassung des Reichsjustizministers Gürtner geschützt werden. Alles wurde gegen ihn mobil gemacht. Der Reichsjustizminister versetzte ihn nach Kassel. Die Prozeßführung mußte er niederlegen. Der Prozeß wurde bis heute noch nicht durchgeführt. Die VVN Wuppertal würde es begrüßen, wenn dieser aufrechte Mann, trotz seiner nominellen Parteimitgliedschaft wieder im Justizdienst verwendet, ja, mit der Durchführung des Kemnaprozesses betraut würde. Dies ist eine Forderung, die in unseren sehr stark besuchten Kundgebungen immer wieder erhoben wird. Zu Herrn Winckler haben die ehemaligen Kemnainsassen das Vertrauen, daß er, unbeirrt, dem gestörtem Rechtsempfinden weiter Kreise Genugtuung verschaffen würde. Aus diesem Grunde unterbreiten wir Ihnen diesen Fall und bitten um Ihre Unterstützung zwecks Wiedereinstellung des Herrn Winckler in den Justizdienst.
Hochachtungsvoll gez. i. A. Erich Werner, August Christmann."

Von anderer Seite wurde an den Generalstaatsanwalt folgende Eingabe über den Fall Wuppertal gemacht.

Der Fall Wuppertal.

Als am 30. Januar 1933, mit viel Tamtam, die Machtergreifung auch in Wuppertal gefeiert wurde, hätte eigentlich die Bevölkerung schon nach einigen Tagen sehen müssen, wohin die Staatsgeschichte gelenkt wurde. Polizeipräsident wurde Willi Veller, zu seinem Stab gehörten Alfred Hilgers, Willi und Alfred Schumann und noch andere kleine Nazigrößen. Die Aufzählung dieser wenigen Namen hätte eigentlich schon genügen müssen, um alle ehrlichen Menschen in Wuppertal aufhorchen zu lassen. Jeder kannte die Saufpartien und die Folgen dieser Orgien: Schießen auf harmlose Passanten, Zechprellereien usw. Und nur ein kleiner Bruchteil der vor der Machtübernahme begangenen Taten waren in die breitere Öffentlichkeit gekommen. Nach der Machtergreifung wurde das Verbrechen dieser Menschen legal.

Jeder, der in berechtigter Sorge um das Wohl und Wehe der Stadt sich ein Urteil erlaubte, wurde in das K. Z. Kemna gebracht. Und nicht lange dauerte es, und jeder Mensch, ob alt, ob jung, ob Mann, ob Frau gebrauchte den Ausdruck: „Wenn du jetzt nicht ruhig bist, dann kommst du in die Kemna!" Ebenso wußte jeder, was in der Kemna passierte, denn die Bewachungsmannschaft rühmte sich ja in ihren Freistunden, die meistens mit Saufen verbracht wurden, mit ihren Heldentaten. Namen, wie Maikranz, Warnstedt, Schuster Schmidt u. a. gehörten zu den Namen, mit denen man kleine Kinder zur Ruhe mahnte. Gleichzeitig sorgte der SA.-Sturm August Puppe mit dem Sturmführer an der Spitze für die nötigen Erschießungen. Die Polizei stellte in geheimen Ermittlungen eine ungefähre Zahl von 22 Morden fest. Die Oberleitung über alles hatte der Polizeipräsident Veller und der Kreisleiter Rudi Feick. Wer es wagte, gegen diese Verbrecherbande etwas zu unternehmen, landete im K.Z.! Warum eigentlich noch einmal alles aufzählen, Wuppertal zählte ja zu den Hochburgen der NSDAP., da war es ja eigentlich selbstverständlich, daß auch an Verbrechen ein Mehr passierte, als sonst überall vorkam.

Nun ist ja eigentlich die Zeit, in der diese Menschen, soweit sie zu fassen sind, ihrer mehr als gerechten Bestrafung zugeführt werden. Aber immer stößt man auf Schwierigkeiten. Die Polizei behauptet, ja, die Zeugen sind sehr schlecht zu bekommen usw. Hierzu einmal ein offenes Wort. Es hat keinen Zweck und ist auch tatsächlich zu schwierig viele kleine Prozesse zu führen. Während der Nazi-Zeit waren es einige wenige, die es wagten, gegen diese Verbrecher vorzugehen. Prozesse wie Peter Stoll, Namen, wie des Staatsanwalts Winckler, sorgten z. Zt. schon für die Anlage von Akten, die heute als Grundlage für einen Prozeß dienen könnten. Wenn heute wirklich eine öffentliche Rechtssprechung erfolgen soll, dann müßte ein Prozeß geführt werden, gegen die gesamte angeschuldigte Hoheitsführung der NSDAP., wie es schon in anderen Prozessen geschehen ist, und dauernd geschieht. Ravensbrück, Aussig u. a. K.Z.-Prozesse. Denn die Angelegenheit Kemna ist nur ein Teil der Verbrechen der

Kreisleitung und beides nur ein Rahmen für die Greueltaten eines Sturmführers August Puppe. Herr Generalstaatsanwalt, vernehmen Sie den Staatsanwalt Winckler, Wuppertal-Elberfeld, Sonnborn und Herrn Peter Stoll, Wuppertal-Elberfeld, Königstr. und aus beiden Vernehmungen erhalten Sie ein Bild. Wenn beide Männer von Ihnen vernommen worden sind, werden Sie einen Prozeß steigen lassen müssen, der als Aktenbeschriftung die Worte hat:

„Der Fall Wuppertal!"

Diesen unablässigen Hinweisen und Forderungen durch Eingaben an die Behörden und durch Aufklärung der Bevölkerung in öffentlichen Kundgebungen hatte schließlich die Wiederaufnahme der „Kemna-Angelegenheit" zum Erfolg. Neue umfangreiche Ermittlungen wurden angestellt, in monatelanger Vorarbeit wurden Hunderte von Zeugen protokollarisch vernommen.

Am 1. März wurde von Hugo Jung, Solingen, der in der Kemna als Häftling Sanitätshilfe geleistet und dadurch einen sehr intensiven Einblick in alle Vorkommnisse erhalten hatte und der bei dem folgendem Prozeß als Hauptzeuge auftrat, folgender Strafantrag formuliert:

28. 2. 47/1. 3. 47.

Kemna - Prozeß.

Erster Strafantrag wegen der Verbrechen im K. Z.-Kemna, Wuppertal-Beyenburg, gestellt von:

Hugo Jung, Geschäftsführer, Solingen, Wernerstraße 80.

Die Staatsanwaltschaft beim Landgericht Wuppertal eröffnete bereits die Voruntersuchung gegen die Beschuldigten:

1.	Standartenführer	Willi Veller (verstorben)
2.	Obersturmbannführer	Alfred Hilgers, Wuppertal
3.	Sturmbannführer	Alfred Schumann, Wuppertal
4.	Sturmbannführer	Hans Pfeiffer, Wuppertal
5.	Sturmbannführer	Paul Hufeisen, Wuppertal
6.	Sturmführer	Helmut Hoter, Wuppertal

7. Truppführer	Bruno Wolff, Wuppertal
8. Truppführer	Schmidt
9. Truppführer	Maikranz
10. Truppführer	Bläsing
11. Obertruppführer	Warnstedt
12. Scharführer	Weichet
13. Scharführer	Stark
14. Scharführer	Hintz
15. Scharführer	Könitzer
16. Scharführer	Hoffinger
17. SS.-Mann	Max Förster
18. SA.-Mann	Feußner
19. Scharführer	Feustner
20. SA.-Mann	Wilh. Weber, Solingen-Gräfrath
21. SA.-Sturmführer	Albert Marten

(Die derzeitigen Anschriften dieser Leute sind der VVN-Solingen nicht bekannt. Kennt VVN.-Wuppertal die genauen Anschriften? Angaben erbitten!)

Die Voruntersuchung lag damals in der Hand von:

Staatsanwaltschaftsrat Winckler (Landgericht Wuppertal).

Das umfangreiche Aktenmaterial über die auf Anweisung der Parteikanzlei s. Zt. eingestellte Voruntersuchung soll nach Angabe von Hugo Jung von einer französischen Militär-Mission beim Landgericht Wuppertal beschlagnahmt und weggeführt worden sein. Der Staatsanwaltschaft steht daraus kein Material mehr zur Verfügung.

Ist inzwischen ein neuer Antrag gegen die Beschuldigten auf Strafverfolgung vor dem Schwurgericht gestellt? Von wem und wann? Was hat die Staatsanwaltschaft Wuppertal darauf geantwortet?

Die Verjährung ruht nach § 69 StrGB. Strafverfolgung nicht gehemmt.

Die oben genannten Personen werden beschuldigt, einzeln und gemeinsam folgende strafbaren Handlungen begangen zu haben:

Delikte

1. In Wohnungen und befriedetes Besitztum ihrer politischen Gegner widerrechtlich eingedrungen zu sein und deren Angehörige mit Waffen bedroht, eingeschüchtert und tätlich beleidigt zu haben.
   (Verbrechen wider die öffentliche Ordnung § 123 StrGB.)
2. Ihre politischen Gegner wider besseres Wissen der Begehung strafbarer Handlungen beschuldigt zu haben.
   (Falsche Anschuldigung § 211 StrGB.)
3. Politische Gegner vorsätzlich getötet zu haben.
   (Verbrechen wider das Leben § 211 StrGB.)
4. An politischen Gegnern vorsätzlich Mißhandlungen verübt zu haben.
   (Verbrechen, vorsätzliche Körperverletzung §§ 223 a, 224, 225 StrGB.)
5. Politische Gegner vorsätzlich und widerrechtlich eingesperrt zu haben.
   (Verbrechen gegen die persönliche Freiheit; § 239 StrGB.)
6. Sich am Eigentum politischer Gegner bereichert zu haben.
   (Diebstahl, Unterschlagung; §§ 242, 243 Abs. 6, 224, 246 StrGB.)
7. Mittels Drohung und Gewaltanwendung sich des Eigentums ihrer politischen Gegner bemächtigt zu haben.
   (Raub und Erpressung; §§ 250, 251 StrGB.)
8. Ihre Gesinnungsgenossen zur Ausbeutung ihrer politischen Gegner aufgefordert und Anteil an der Beute genommen, die Täter aber vor Bestrafung geschützt zu haben.
   (Begünstigung und Hehlerei; §§ 257 ff StrGB.)
9. Sachen ihrer politischen Gegner vorsätzlich beschädigt zu haben.
   (Sachbeschädigung; § 303 StrGB.)
10. Außerdem: Kontrollratsgesetz, Verbrechen gegen die Menschlichkeit.

A) Einzelne Straftaten (oder die Vielzahl von solchen) also: Handlungen, Manipulationen, Tätlichkeiten, deren der eine oder andere der Beschuldigten verdächtig ist, sind möglichst klar darzustellen und der Zeuge zu benennen. (Vollständige Anschrift.)

B) Anschriften der Beschuldigten feststellen (Beschuldigten-Liste).

C. Anschriften der Zeugen feststellen. (Zeugen-Liste).

D) Verhaftung und vorl. Festnahme der Beschuldigten nach § 112 StrGB.

XVIII
Der Auftakt des Kemna-Prozesses.

Der Auftakt zum Prozeß gegen die Wachmannschaft der Kemna bildeten einige Prozesse gegen verschiedene Gestapo.- und Polizeibeamte, die sich in diesem Zusammenhang auch schwerer Verbrechen gegen die Menschlichkeit schuldig gemacht hatten. Am 6. Dezember 1947 wurde der ehemalige Kriminalsekretär Eugen Pedrotti zu 12 Jahren Zuchthaus verurteilt. Seine Hauptverbrechen beging er als vernehmender Gestapo.-Beamter in den Jahren 1935-36, doch spielte er auch schon — nach vielen Zeugenbekundungen — im Jahre 1933 in der Kemna im Verein mit seinem Bruder Franz eine unheimliche Rolle. In einem von der Hauptverhandlung abgetrennten Verfahren wurde am 2. März 1948 der ehemalige Kriminalbeamte Fritz Breer zu ein Jahr und 3 Monaten Gefängnis verurteilt. Ihm wurde in 7 Fällen Mißhandlungen an Insassen des früheren K. Z.-Lagers Kemna nachgewiesen.

Schon vor diesen beiden Verfahren hatte sich 1947 die 5. Strafkammer des Landgerichts Wuppertal mit den Vorgängen in Radevormwald, die im Zusammenhang mit der Kemna standen, befaßt. Gegen die beiden Polizeibeamten Schild und Maus wurden schwere Anklagen erhoben, den SA.-Peinigern in der Kemna nicht nur nachgeeifert, sondern in vielen Dingen sogar zuvorgetan zu haben. Über diesen Prozeß fügen wir folgenden Bericht bei:

Sühnung der Verbrechen im Staatlichen K. Z.-Lager Wuppertal-Kemna, veranlaßt durch die Polizei in Radevormwald.

Unter dem Vorsitz des Landgerichtsdirektors Dr. Heineberg ging heute ein Prozeß zu Ende, der weit über Wuppertal hinaus interessiert. Der Staatsanwalt Winckler, der schon 1933/34 versuchte, die Verbrechen, die in der Kemna begangen wurden, zu verfolgen, vertrat die Anklage.

Es muß für den Anklagevertreter ein eigenartiges Gefühl gewesen sein, als er nach 14 Jahren, die damals begonnene Arbeit zu Ende führen konnte. Er konnte deshalb mit Recht sagen: „Endlich, endlich nach 14 Jahren werden Verbrechen gesühnt, die weit über Wuppertal hinaus Aufsehen erregten. Als ich damals von den Vorgängen in der Kemna erfuhr, hielt ich es für meine Pflicht, die damaligen Beamten im Reichsministerium, Minister Gürtner und seine Mitarbeiter Joel und Freisler zu informieren. Ich erhielt von Gürtner den offiziellen Auftrag, die Angelegenheit zu verfolgen. Bald stellte ich Eingriffe der Parteidienststellen fest. Ein Verfahren gegen die Schuldigen vor dem Obersten Parteigericht hatte den Zweck, das ordentliche Verfahren lahmzulegen. Anfang 1936 greift der „Führer" ein und schlägt das Verfahren nieder. In der zur Verhandlung stehenden Strafsache muß selbst das Oberste Parteigericht bemerken, daß der Polizeimeister Schild zweifellos über das Ziel hinausgeschossen und das Ansehen der Partei geschädigt hat. Warum erst 1947 der Prozeß? Es würde zu weit führen, alle Gründe zu besprechen. Ein kleiner Zipfel ist gelüftet worden, bestimmt noch nicht die Decke heruntergerissen, die heute noch über die Nazi-Verbrechen in Wuppertal gebreitet ist."

Von der Wachmannschaft des Lagers sind bisher 10 in Haft und 9 in Internierungslägern. Über 4000 Menschen sind durch das Lager gegangen.

Die 1933/34 begonnenen Versuche, den Polizeimeister Schild für die begangenen Verbrechen zu bestrafen, wurden von höherer Stelle sabotiert.

Schild wurde im Jahre 1933 von Burg a. d. Wupper nach Radevormwald versetzt. Er gehörte schon damals dem S. D. an, dem er schon vor der Machtübernahme als Polizeibeamter der Weimarer Republick, treue Dienste geleistet. Er kam nach Radevormwald, um das politisch versäumte nachzuholen. Seit 1920 war er bei der Polizei. Mit 33 Jahren kam er nach Radevormwald; seit 1932 ist er Außenstellenleiter des S. D. in der SS. Nicht seine Tätigkeit als Polizeibeamter, sondern die Vernichtung aller Strömungen gegen die NSDAP. sah er als seine Aufgabe an. Von maßlosem Ehrgeiz erfüllt, beginnt er seine Tätigkeit. Er startet die Waffenaktion Radevormwald. Er verhaftet alles, was seiner Ansicht nach verdächtig ist. Sind Personen flüchtig, wendet er das Geiselsystem an und verhaftet die Frauen. Er trägt den Vorgesetzten vor, daß mit den üblichen Vernehmungsmethoden keine Erfolge zu erwarten sind. Er erwirkt angeblich die Erlaubnis, die Verdächtigen zu prügeln. Er verhaftet ungefähr 200 Personen. Meldet 280 Schußwaffen den Vorgesetzten als Erfolg seiner Vernehmungsmethoden. Von den 200 Festgenommenen setzt später das Amtsgericht in Lennep über 100 auf freien Fuß. Bei rund 60 Haftbefehlen fällt das Sondergericht in Hamm am 8.5.1934, 7 Freisprüche, 24 Verfahren werden eingestellt, 29 Personen werden verurteilt. Relativ milde Urteile. Selbst die Staatsanwaltschaft war dem jetzt Angeklagten und damaligen Belastungszeugen nicht mehr 100% gefolgt. Als was entpuppen sich heute die groß aufgemachten Waffenfunde? 280 Schußwaffen waren beschlagnahmt worden. Ein Drittel waren Wildererwaffen und dienten nicht dem bewaffnetem Umsturz. Eine ganze Anzahl waren als Karabiner bezeichnet und waren Kleinkaliber ja, Flobertbüchsen. Der Rest war schon 1933 durch Rost verdorben. Mit solch brutalen Methoden war die ganze Aktion durchgeführt worden, daß alte Pg. bei Robert Ley interpellierten. Da versuchte Schild diese Leute der Gestapo zu übergeben. Ein grausiges Bild enthüllt die Verhandlung. Menschen werden auf der Wache in Radevormwald grauenhaft mißhandelt, anschließend zur Kemna gebracht; dort wird die Vernehmung mit Unterstützung der Wachmannschaft fortgesetzt. Lederne Hosen werden zerfetzt, starke kräftige Männer zu Krüppeln geschlagen, werden zum Selbstmord getrieben. Rund 40 Selbstmordversuche in der Kemna. Dauerndes Siechtum, Todesfälle, Irrsinn, handtellergroße Narben, 1-2 fingerbreit tief. Aussprüche des Schild: Wir liefern, gebt ihm mit Salz und Pfeffer. Du verreckst noch, du Hund. Ein Ausspruch läßt schon das Grauen der Verbrennungsläger und die Einstellung dieser Menschen ahnen. Er erklärt einem Angeklagten 1934 im Moor, als derselbe seine elterliche

Wohnung als zukünftige Entlassungsstelle angibt: „Du kommst nicht mehr zu deiner Mutter. Du wirst verbrannt und deine Mutter kann mit der Asche den Herd putzen.“ Ein Zeuge bekundet unter Eid: Ich wurde nackt mißhandelt, in die offenen Wunden wurde eine Mischung von Salz und Pfeffer geschüttet. Ein anderer wurde gezwungen Heringe mit Salz und Staufferfett zu essen. Erschütternd der Vergleich der Aussagen von 1933 mit den jetzigen Aussagen. Fast wörtlich stimmen dieselben überein, es bleibt nur eine logische Schlußfolgerung: diese Erlebnisse sind eingebrannt.

Es ist klar ersichtlich: Schild ist die treibende Kraft, Maus das willige Werkzeug, Schild der Zutreiber.

Strafantrag für Schild, die Todesstrafe
Maus, 15 Jahre Zuchthaus
Meier, 2 Jahre Gefängnis.

Urteil: Schild lebenslänglich, Ehrverlust auf Lebenszeit
Maus: 10 Jahre Zuchthaus, 10 Jahre Ehrverlust
Meier: $1^1/_2$ Jahre Gefängnis.

Wir, die wir in der Hitlerzeit genug Gelegenheit hatten, diese willfährigen Handlanger eines verbrecherischen Systems kennen zu lernen, bedauern nur, daß solche Prozesse nicht vor einem größeren Forum durchgeführt werden. Hier wird die Behauptung, wir haben nichts gewußt, entlarvt als billige Lüge. Eindeutig beweist dieser Prozeß, die Ärzte der Krankenanstalten und das Personal wußte um diese Dinge. Die Justiz bis in die höchsten Stellen war unterrichtet, auch das Ausland. Ganz Radevormwald wußte, was sich auf der Polizeiwache und im Lager Kemna abspielte. Und trotzdem konnte ein einzelner Mann, Schild, seinen hemmungslosen Ehrgeiz durchsetzen.

Der Prozeß ist eine bitterböse Angelegenheit für die gesamte Bevölkerung. Vielleicht erwacht in vielen endlich die Erkenntnis, daß den Männern und Frauen, die sich dieser bestialischen

Entwicklung, unter Einsatz ihres Lebens, entgegen warfen, die Anerkennung gezollt wird, die diesem einzigen Aktivposten gegenüber dem Ausland gebührt.

In der eingehenden Urteilsbegründung führte der Gerichtsvorsitzende aus: Wer nach dieser objektiven Verhandlung noch wagt, von den Vorgängen 1933 in der Kemna als Greuelmärchen zu sprechen, ist ein Verbrecher oder ein Schwachsinniger. Lange habe das Gericht beraten, ob es die Todesstrafe verhängen sollte. Die Zeugen hätten auf Gericht und Verteidigung den Eindruck erweckt, nur das zu sagen, was sie verantworten konnten. Er entrollte nochmals den Werdegang des skrupellosen, ehrgeizigen Beamten der Weimarer Republick im Dienste des S. D. in der SS. Schild machte Carriere, mochten auch Menschenleben zerbrechen. Der unter seinem Einfluß stehende Maus mußte sich bewähren und „bewährte" sich. Leider konnten dem Angeklagten Meier seine Straftaten nicht im erforderlichen Maß nachgewiesen werden, da seine Opfer nicht mehr leben. Der Vorsitzende verband mit seiner Urteilsbegründung den Wunsch, daß dieser Prozeß mit dazu beitrage, das schwer erschütterte Rechtsbewußtsein wiederherzustellen. Wenn auch Bedauern darüber herrsche, daß das Kontrallratsgesetz Nr. 10 angewendet werden mußte, so glaube er sagen zu können, daß es im Falle der Radevormwalder- und Kemnaverbrechen im Sinne aller rechtlich denkenden Menschen angewandt wurde.

XIX.
Der Prozeß beginnt.

Mit großer Spannung erwartet, von der Öffentlichkeit bis weit in das Ausland hinein, begann am 29. Februar 1948 der Prozeß gegen die Wachmannschaft des ehemaligen Konzentrationslagers Kemna. Den Vorsitz der 5. Strafkammer des Landgerichts Wuppertal führte Landgerichtsdirektor Dr. Heineberg, die Anklage vertraten Staatsanwalt Winckler und Staatsanwalt Heinzel. Auf der Anklagebank sitzen 26 ehemalige SA.- und Wachleute, von denen 18 aus der Haft vorgeführt werden. 2 in der Anklage aufgeführte Personen fehlen, da ihr derzeitiger Aufenthaltsort noch nicht ausfindig gemacht werden konnte. 228 Zeugen sind geladen, darunter der jetzige Arbeitsminister von Rheinland-Pfalz Wilhelm Bökenkrüger.

Gelegentlich einer voraufgehenden Pressebesprechung erklärte Landgerichtsdirektor Heineberg, daß es sich um den größten Prozeß in der Geschichte des Oberlandesgerichtsbezirk Düsseldorf, handele. 189 Fälle schwerer Mißhandlungen stehen zur Erörterung, die Anklageschrift umfaßt allein 151 Seiten, 700-800 Personen sind in Vorvernehmungen in dieser Angelegenheit verhört worden.

Noch in mancher Hinsicht ist der zur Verhandlung stehende Prozeß bedeutsam und bemerkenswert. So ist dieses z. B. der erste große Prozeß gegen die Wachmannschaft eines Konzentrationslagers, der vor einem deutschen Gericht verhandelt wird. Wenn bisher nur alliierte Militärgerichte über die SS.-Mannschaften von Buchenwald, Bergen-Belsen, Ravensbrück usw. abgeurteilt haben, so ist hier erstmalig deutschen Richtern die Gelegenheit gegeben, über jene ein Urteil zu fällen, die nicht nur einzelne Menschen unsagbar gequält haben, sondern die durch ihre Untaten sich am ganzen deutschen Volk vergingen, indem sie unseren guten Ruf und unser moralisches Ansehen schändeten.

Zu Beginn des Prozesses bemühte sich die VVN Wuppertal wieder in vorbildlicher Weise, die Öffentlichkeit über die damaligen Vorgänge wie über die jetzigen Gerichtsverhandlungen zu informieren. In mehreren großen Versammlungen sprach der Vorsitzende Erich Werner über die Geschehnisse in der Kemna, über die Zusammenhänge mit dem Reichstagsbrand und über die Vorgeschichte des Prozesses, d. h. den Kampf um seine Einleitung.

Auf einer dieser Versammlungen wurde von den Teilnehmern folgende Entschließung einstimmig angenommen:

„Die am 7. März 1948 im Wuppertaler Rathaussaal anläßlich der Jahreskundgebung der VVN. (Vereinigung der Verfolgten des Nazi-Regimes) Wuppertals Versammelten haben mit großer Entrüstung die im Vortrag des Vorsitzenden der VVN Wuppertals, des Kameraden Werner, geschilderten Vorgänge im Kemna-Prozeß zur Kenntnis genommen.

Die Versammelten erwarteten vom zuständigen Gericht eine gerechte Sühne.

Von den hiesigen demokratischen Tageszeitungen erwarteten die Versammelten eine objektive, regelmäßige Berichterstattung über den Stand des Kemna-Prozesses, damit alle Schichten der Bevölkerung von Wuppertal und darüber hinaus von den Schandtaten der damaligen Machthaber und ihres Schreckensregiments genügende Kenntnis bekommen.
Wuppertal, den 7. März 1948."

Gleichzeitig wurde der Nordwestdeutsche Rundfunk durch folgendes Schreiben auf den Prozeß aufmerksam gemacht:

„An den Nordwestdeutschen Rundfunk, Hamburg, Abtlg. Echo des Tages.

Die VVN Wuppertal erlaubt sich folgende Mitteilung zu unterbreiten und verbindet damit die Bitte um eine aktuelle Berichterstattung:

Am 29. Februar 1948 beginnt vor der 5. Strafkammer des Landgerichts Wuppertal der bisher größte Prozeß im Oberlandesgerichtsbezirk Düsseldorf. Angeklagt sind 30 Wachleute des ehemaligen Staatlichen Konzentrationslagers Wuppertal-Beyenburg, (genannt nach dem Ortsteil Kemna). Dieser Prozeß wird von der gesamten Bevölkerung des Bergischen Landes, eingeschlossen die Städte Wuppertal, Solingen, Remscheid, Duisburg, Velbert, Mettmann, Wermelskirchen, Radevormwald und Hückeswagen mit großer Spannung erwartet. Über 4000 Menschen aus allen politischen, religiösen Lagern, rassisch Verfolgte gingen durch dieses Lager. 230 Zeugen sind von der Anklagevertretung geladen. Unter den Zeugen befindet sich der Arbeitsminister Bökenkrüger des Landes Rheinland-Pfalz. Durch dieses Lager ging der verstorbene Wohlfahrtsminister Hirtsiefer. Nach den Ausführungen des Landgerichtsdirektors Dr. Heineberg, der den Vorsitz führt, handelt es sich um das dunkelste Kapitel in der Geschichte der Stadt Wuppertal. Der Anklagevertreter Dr. Winckler war im Jahre 1933 Staatsanwalt in Wuppertal. Als er Kenntnis von den verübten Verbrechen erhielt, stellte er Ermittlungen an. Auf Grund des gesammelten Materials erhob er Anklage gegen den damaligen Polizeipräsidenten und M. d. R. Willi Veller. Das ordentliche Verfahren wurde abgewürgt und ein Scheinprozeß vor dem Obersten Parteigericht in München durchgeführt. Staatsanwalt Winckler wurde nun auf jede erdenkliche Art schikaniert und sogar Mordanschläge verübt. Das Lager wurde 1934 im Januar geschlossen. Nach 14 Jahren ist es dem Staatsanwalt Winckler möglich gewesen, den damals begonnenen Prozeß zu beenden. Seine Erlebnisse in der Zwischenzeit erscheinen unglaublich. Bis zum Mai des Jahres 1947 war er als Arbeiter in einer Herdfabrik tätig. Eine öffentliche Kampagne (die von der VVN Wuppertal getragen) und Mitteilungen an die in Frage kommenden Stellen waren notwendig, um diesen aufrechten Mann wieder in das ihm zustehende Amt zu bringen und die Untersuchung in Sachen „Kemna" zu ermöglichen. In gedrängter Form habe ich mich bemüht, Ihnen klar zu machen, welch ungeheures Interesse an der Durchführung des Prozesses besteht. Eine Fülle interessanter Einzelheiten wären noch erwähnenswert. (Die Rolle des Prinzen August Wilhelm von Preußen.) Die Weltpresse berichtete damals über diese Angelegenheit unter der Schlagzeile „Kaiserprößling hinter dem Sarge eines 35-fachen Mörders", anläßlich des von Polizeipräsident Veller angeordneten Ehrenbegräbnisses des (Mord-) Sturmführers A. Puppe.

VVN Wuppertal hofft mit ihrer Mitteilung die Sendeleitung auf ein aktuelles Thema hingewiesen zu haben.

i. A. des Vorstandes
Erich Werner, 1. Vorsitzender

Die Zeitung „Rhein-Echo" leitete ihre Prozeßberichterstattung mit einem ausführlichen Artikel ein, der bemerkenswerte Gedanken enthält:

Kemna-Greuel.

Die Folterkammern des Mittelalters, den Feuertod sogenannter Ketzer und angeblicher Hexen auf den Scheiterhaufen, glaubte man früher als den Rest der Barbarei bezeichnen zu können, als einen Zustand, den man durch weltumfassende sittlich-religiöse Bewegungen, vor allem durch das Christentum, im wesentlichen für überwunden hielt. Alle die edlen Menschenfreunde, die im Namen der Humanität gegen die Ketzerverbrennungen opponierten, die die Folterungen abzuschaffen sich bemühten, die aus der Erziehung im Elternhaus, in der Schule, in den stehenden Heeren den Stock und das Spießrutenlaufen verurteilten und ächteten, versuchten ein System zu beseitigen, das auf der brutalen Unterdrückung vieler Menschen durch eingie Wenige aufgebaut war. Im Zeichen der Ideen der Demokratie, der Gleichheit alles dessen, was Menschenantlitz trägt, schien das Ideal der Humanität, der reinen Menschlichkeit also, seiner Verwirklichung besonders nach den großen nationalen und bürgerlichen Revolutionen seit dem 17. Jahrhundert nähergekommen zu sein.

Die Kriege zeitigten aber immer wieder Rückfälle in die Barbarei. Die Verrohung und sittliche Verwilderung, die sich besonders bei dem Typ der ewigen Landsknechte bemerkbar machte, tobte sich in Deutschland, Ungarn und anderswo nach Beendigung des ersten Weltkrieges an gefangenen Republikanern und Revolutionären im Laufe der Bürgerkriege nach 1918 aus.

Viele dieser Leute, die sich später in der SA. oder SS. ein Stelldichein gaben, wurden von den politischen Drahtziehern der Hitler-Partei als Schlägerkommandos in Versammlungen und als Terroristen auf der Straße verwendet.

Die latente Bürgerkriegstimmung der Zeit vor 1933 ließ überall Haß aufflackern. Die Grausamkeit in Verbindung mit Willküraffekten des Augenblicks hat unendlich oft das Menschenantlitz geschändet. Als nun 1933 die NSDAP. an die Macht kam und wider Recht und Gesetz ihre wehrlosen Gegner nachts aus den Wohnungen heraus verhaftete, sie erst in die Gefängnisse und dann in die Konzentrationslager warf, wurden sie Freiwild in den Händen ihrer Wärter, eben jener SA.- und SS.-Leute, die ohne nennenswerte Kontrolle durch verantwortliche Organe ihrem Sadismus die Zügel schießen ließen.

Jetzt beginnt in Wuppertal ein Prozeß gegen das Wachpersonal des damaligen Konzentrationslagers Kemna. Die Verhältnisse dort sind so grauenhaft gewesen, die Mißhandlungen der Menschen schrien derartig zum Himmel, daß sogar noch 1934 ein Staatsanwalt ein Verfahren wegen der in der Kemna begangenen Unmenschlichkeiten einleitete, das aber später durch einen Befehl Hitlers niedergeschlagen wurde. Die mißhandelten Gegner des Nationalsozialismus haben schwere Schäden an Leib und Seele davongetragen. Der Tod eines Menschen als Folge der Quälerei ist zu beklagen; die vorsätzliche Tötung sogar eines Kindes steht fest. 4500 Häftlinge gingen durch die Kemna. Die Anklageschrift sagt, daß alle furchtbare Mißhandlungen über sich ergehen lassen mußten. Keine Gemeinheit war groß genug, als daß sie nicht an den eingekerkerten Gegnern des Nationalsozialismus ausprobiert wurde. Man hat in jener Zeit Menschen, die in der Kemna gewesen waren, wiedergesehen, die erschütternd alt und verfallen aussahen, obwohl sie noch in den besten Jahren waren.

Die Peiniger dieser Menschen stehen nun vor Gericht. Wenn jemals die Wahrheit des Wortes sich verwirklicht hat, dann hier: Alle Schuld rächt sich auf Erden! Die ehemaligen SA.-Folterknechte müssen jetzt für ihr damaliges Verhalten geradestehen Kein Hitler oder irgendeine Parteistelle wird sie schützen können oder ihnen die Verantwortung für etwa ergangene Befehle abnehmen. Sie werden hundertfältig an ihre Schandtaten erinnert werden. Viele Zeugen werden aussagen. Groß ist die Zahl derer, die die Kemna erlitten und noch nicht vergessen können. Deshalb muß die Wahrheit über Kemna herfür! Staatsanwalt Winckler, der 1934 den bemerkenswerten Mut hatte, die Verbrecher gegen die Menschlichkeit anzuklagen, ist heute wieder Vertreter der Anklage. Er hat es als seine Aufgabe bezeichnet, die Wahrheit zu ermitteln. Selbstverständlich wird das Recht nicht durch an sich begreifliche Zorn- und Haßgefühle beeinflußt werden. Der Vorsitzende des Gerichts, Landgerichtsdirektor Dr. Heineberg hat erklärt: „Die Zeiten der Rechtlosigkeit sind vorüber. Gegen jeden der Angeklagten wird streng nach dem Gesetz verhandelt."

Die unschuldigen Gefangenen von Kemna sind seinerzeit ohne Beachtung der elementarsten Rechtsgrundsätze ungehört und ohne jede Verteidigungsmöglichkeit zu Opfern einer schändlichen Barbarei geworden. Wenn denjenigen, die sie so unmenschlich leiden ließen, jetzt nach strengen Rechtsgrundsätzen der Prozeß gemacht wird, mit dem Ziel, die Wahrheit zu ermitteln, dann zeigt das, wie das Heute vom Damals durch eine Welt getrennt ist.

XX.

Die Anklage.

Ich hab' ein fürchterliches Buch gelesen!
Unmenschlichkeit! Oh, welch ein armes Wort.
Was hier geschah, das ist noch nie gewesen.
Ein Mord ist schnelle — hier war stückweis Mord!

„Potemka" heißt der erste Ort der Schande,
Wo die SA. der Mutter Sohn erschlug.
Die „Kemna" war der nächste Platz im Lande,
Da die Gesellschaft ihr Versagen trug!

Die Ausweglosigkeit wurd' losgelassen
Und das Verbrechen lief um seine Frist:
Die Scheußlichkeit ist einfach nicht zu fassen,
Die bei der Wupperstadt geschehen ist!

Nach alten Büchern wird das nicht bereinigt.
Mit einem Leben wird das nie gebüßt!
Hier wurden Menschen derartig gepeinigt,
Das man sich wundert, wenn noch einer grüßt!

Ich hab' ein fürchterliches Buch gelesen:
Der Ankläger verfaßte diese Schrift.
Und die Verurteilung ist schon gewesen,
Der Büttel — aber der Gesellschaft nicht!

(Emil Ginkel)

Das von der Staatsanwaltschaft in mühevoller Arbeit zusammengetragene Beweis- und Belastungsmaterial ist in einer umfangreichen, 151 Seiten umfassenden Anklageschrift niedergelegt. Glücklicherweise konnte Staatsanwalt Winckler noch auf die schon 1934 angelegten und von ihm sichergestellten Akten zurückgreifen.

Im einzelnen lautete die Anklage gegen folgende Personen:

1. Schmidt, Paul, Schuhmacher aus Wuppertal-Barmen, Reichsstraße 31, geb. am 28. 6. 1901 in Bochum, verheiratet, evgl.
2. Hilgers, Alfred, kaufm. Angestellter aus Düsseldorf, Mintropstraße 11, geb. am 25. 4. 1905 in Elberfeld, verh., gottgläubig.
3. Altwicker, Erich, Tischler aus Wuppertal-Elberfeld, Höchsten 58, geb. am 5. 3. 1905 in Elberfeld, verheiratet.
4. Bläsing, Wilhelm, Bandwirker aus Wuppertal-Barmen, Westkotter Straße 13, geb. am 26. 3. 1897 in Barmen, verheiratet.
5. Maikranz, Ernst, Schlosser aus Bentheim, Ochtruper Str. 12, geb. am 17. 11. 1905 in Barmen, verheiratet, gottgläubig.
6. Cappel, Ernst, Polizeibeamter aus Koppelheck, Flensburg-Land, geb. am 11. 11. 1910 in Barmen, geschieden.
7. Weischet, Heinrich, Anstreicher aus Wuppertal-Barmen, Beckmannshof, geb. am 14. 12. 1884 in Vogelsmühle bei Radevormwald, verheiratet.
8. Grafe, Friedrich, Maurer aus Wuppertal-Barmen, Sonnenstraße 71, geb. am 25. 3. 1889 in Hagen/Westf., verh., evgl.
9. Hintz, Wilhelm, Bauhilfsarbeiter aus Wuppertal, Metzmachersrath 3, geb. am 18. 6. 1890 in Planken/Ostpreußen, verh., evgl.
10. Hoffinger, Willi, Maurer aus Wuppertal-Barmen, Schönebecker Platz, geb. am 19. 4. 1910 in Wuppertal, verh., evgl.
11. Hülshoff, Harry, Kraftfahrer aus Wuppertal-Elberfeld, Westfalenweg, geb. am 30. 8. 1913 in Saarbrücken, verh., evgl.
12. Kleinbeck, Hans, Maschinenschlosser aus Barmen, Schraberg 40, geb. am 18. 9. 1909 in Wuppertal, verheiratet, evgl.
13. Kleinbeck, Kurt, Zechenarbeiter aus Rumeln bei Moers, geb. am 6. 1. 1911 in Barmen, verheiratet, evangelisch.
14. Liebergall, Karl, Eisenbahn-Betriebsarbeiter aus Düsseldorf, Wangeroogstr. 26, geb. am 3. 3. 1910 in Barmen, verh., evgl.
15. Ockel, Willi, Arbeiter aus Wuppertal-Barmen, Konradshöhe 10, geb. am 25. 4. 1908 in Wuppertal, verheiratet.
16. Schmitt, Matthias, Schmelzer aus Düsseldorf-Rath, Eckerstr. 27, geb. am 23. 8. 1893 in Orenhofen Kreis Trier, verheiratet.

17. Tracht, Ernst, Kraftfahrer aus Wuppertal-Barmen, Langerfelder Straße 25, geb. am 14. 11. 1908 in Barmen, verh., evgl.
18. Weber, Wilhelm, Schleifer aus Solingen, Landwehrberg 74, geb. am 8. 11. 1906 in Solingen, verheiratet, gottgläubig.
19. Wolff, Bruno, ehemaliger Vizekonsul aus Elberfeld, Hindenburgstraße, geb. am 13. 6. 1910 in Barmen, verheiratet.
20. Behrend, Ernst, Bandwirker aus Wuppertal-Barmen, Wittener-Straße 42, geb. am 24. 3. 1909 in Barmen, verwitwet, gottgl.
21. Eckermann, Paul, Koch aus Wuppertal-Vohwinkel, Gräfrather Straße 43, geb. am 13. 10.1893 in Velbert, verh., kath.
22. Engemann, Emil, Invalide aus Wuppertal-Langerfeld, Schwelmer Straße, geb. am 1. 7. 1876 in Barmen, verheiratet, evgl.
23. Göbel, Hans, Schneider aus Langenberg/Rhld., Vogteier Str. 6, geb. am 16. 4. 1908 in Elberfeld, verheiratet, evangelisch.
24. Heibel, Martin, Schumacher aus Wuppertal-Barmen, Hirschstraße 43, geb. am 20. 3. 1898 in Helferskirchen, verh., evgl.
25. Hedtmann, Erwin, Musterzeichner aus Wuppertal-Langerfeld, Weddigenstr. 29, geb. am 19. 7. 1905 in Langerfeld, verheiratet.
26. Hoviele, Karl, Eisenbahnschlosser aus Elberfeld, Gr. Bandstraße 9, geb. am 22. 11. 1911 in Elberfeld, verheiratet.
27. Könisser, Franz, Arbeiter aus Rickelrath bei Wegberg, geb. am 12. 1. 1897 in Amern, St. Anton, verheiratet, katholisch.
28. Römer, Willi, Arbeiter aus Düsseldorf, Kronenstraße 10, geb. am 17. 5. 1912 in Werdohl, verheiratet.
29. Danowski, Karl, aus Ritschenhausen/Thüringen, geb. am 30. 6. 1905 in Elberfeld, verheiratet.
30. Wormstall, Werner, Elektriker aus Wuppertal-Barmen, Gartensiedlung Lichtenplatz, Am Waldhaus, geb. am 5. 9. 1910 in Elberfeld, verheiratet.

werden angeklagt

zu Wuppertal-Barmen in der Zeit von Juli 1933 bis Januar 1934

I. alle Beschuldigten

durch fortgesetzte und zum Teil gemeinschaftliche Handlungen als Beamte in Ausübung oder in Veranlassung der Ausübung ihres Amtes vorsätzlich Körperverletzungen begangen oder begehen lassen zu haben, wobei die Körperverletzungen teilweise mittels Waffen und anderer gefährlicher Werkzeuge von mehreren gemeinschaftlich und mittels das Leben gegefährdende Behandlung begangen worden sind.

II. Die Beschuldigten Paul Schmidt, Bläsing, Maikranz, Weischet, Hintz, Hoffinger, Weber und Matthias Schmitt durch die Körperverletzung den Tod des Verletzten Karl Erlemann verursacht zu haben.

III. Der Beschuldigte Bläsing
durch eine weitere selbständige Handlung am 26. August 1933 vorsätzlich einen Menschen, nämlich das Kind Göbel, getötet zu haben, wobei die Tötung mit Überlegung ausgeführt ist, und zwar aus niedrigen Beweggründen.

IV. Der Beschuldigte Paul Schmidt
durch eine weitere selbständige Handlung den Beschuldigten Bläsing zu dem von diesem begangenen Mord durch Überredung oder durch andere Mittel vorsätzlich bestimmt zu haben.

V. Alle Beschuldigten
durch dieselben Handlungen, Gewalttaten, Folterungen und andere unmenschliche Handlungen an der Zivilbevölkerung begangen zu haben.

Dem Wortlaut der Anklageschrift entnehmen wir den ersten summarischen Teil über die allgemeinen Vorgänge in der Kemna.

Wesentliches Ergebnis der Ermittlungen:

Anfang Juli 1933 wurde in Wuppertal-Beyenburg, im Ortsteil Kemna ein Konzentrationslager eingerichtet.

Nach dem Bericht des Regierungspräsidenten in Düsseldorf vom 6. 7. 1938 an den Minister des Innern in Berlin, erfolgte diese Einrichtung „weil die Strafanstalten des Regierungsbezirks infolge der zahlreichen in Schutzhaft genommenen politischen Gefangenen sehr stark überbelegt waren und vorläufig mit einer Verminderung der Gefangenenzahl nicht gerechnet werden könne. Das besichtigte leerstehende Fabrikgebäude der früheren „Wuppertaler Putzwollfabrik“ sei für die Unterbringung von 200 bis 300 Gefangenen geeignet und solle der SA.-Untergruppe ohne Mietkosten überlassen werden.“

Der preußische Minister des Innern antwortete unter dem 24. 7. 1933:

„Für den Bewachungsdienst für das vom Polizeipräsidium Wuppertal und der dortigen SA.-Untergruppe vorübergehend eingerichtete Lager zur Unterbringung politischer Schutzhäftlinge, genehmige ich die Gestellung eines — nur aus geeigneten SS.-Leuten zusammenzustellenden — Wachkommandos in Stärke bis zu 30 Mann Hilfspolizeibeamten, gegen eine erst nach Ablauf von 24 Stunden nach Dienstantritt zuständige Zahlung einer Entschädigung von RM 3.— pro Tag und Kopf, die um den Verpflegungskostenbetrag zu kürzen ist . . . .

Die Verpflegungskosten für die Schutzhäftlinge sind nach den üblichen Sätzen . . . . . . zu verrechnen. Unter Bestätigung der bereits vor einigen Tagen erfolgten fernmündlichen Mitteilung weise ich nochmals darauf hin, daß die dauernde Einrichtung eines Konzentrationslagers bzw. Durchgangslagers in Wuppertal nicht in Frage kommt, da die politischen Schutzhäftlinge aus den westlichen Bezirken schon in den nächsten Wochen in die in Bau befindlichen Moorläger im Regierungsbezirk Osnabrück überführt werden sollen; die Herrichtung des Lagers in Wuppertal ist daher nur als eine vorübergehende Einrichtung zu betrachten.“

Mitte Januar 1934 wurden die letzten Schutzhaftgefangenen aus dem Lager entlassen bzw. in andere Konzentrationsläger abtransportiert und damit wurde das Lager aufgelöst. Die Gründe für die Auflösung des Lagers ergeben sich aus einem Bericht des Preußischen Ministers des Innern vom 10. 11. 1933 in dem es u. a. heißt:

„Was des Lager „Kemna“ betrifft, so hat der Polizeipräsident Veller vor einiger Zeit bei einem Besuch in meinem Ministerium dem Leiter der politischen Gruppe die Einrichtung dieses Lagers mitgeteilt, ohne daß ich bei der Ungeeignetheit der Fabrikräume, beim Fehlen der Waschgelegenheit und zu den sonst gegebenen sanitären Mängel bisher meine Zustimmung hierzu, sowie zum Fortbestand des Lagers erteilt habe. Ich vermag auch die Notwendigkeit der Beibehaltung dieses Lagers nicht anzuerkennen . . . . ich beabsichtige im übrigen das Lager noch im Laufe des Monats November ganz aufzulösen und die Häftlinge in staatliche Konzentrationsläger verbringen zu lassen."

Der erste Kommandant dieses Lagers war ein gewisser Neuhoff, der aber schon nach einigen Tagen durch den Beschuldigten Hilgers ersetzt wurde. Hilgers hatte bis Anfang Dezember 1933 die Leitung des Lagers, wurde dann abgesetzt und durch einen inzwischen verstorbenen Sturmbannführer Wolters ersetzt.

Entgegen der Anweisung des Innenministers wurde die Wachmannschaft nicht aus SS.-Leuten gebildet, sondern aus SA.-Leuten. Die Wachmannschaft des Lagers bestand in der Hauptsache aus einem festen Stamm von etwa 40 SA.-Leuten. Da aber bei der starken Belegung des Lagers, die trotz der beengten Räume zeitweise mehr als 1000 Mann betragen hat, die Zahl der Wachmannschaften nicht ausreichte, wurden von den verschiedensten einheimischen und auswärtigen SA.-Dienststellen Angehörige der SA. für beschränkte Zeit zur Hilfeleistung in das Lager abkommandiert. — Die Wachmannschaft war in drei Bereitschaften eingeteilt, die von den Beschuldigten Maikranz, Bläsing und Cappel geführt wurden. Jede Bereitschaft bestand aus etwa 8-10 Personen. Andere Wachmannschaften hatten bestimmte verwaltungstechnische Aufgaben zu erledigen, so der verstorbene Warnstedt die Wirtschaftsangelegenheiten, der Beschuldigte Grafe die Kassenführung, der Beschuldigte Wolff den Bürodienst. Der Beschuldigte Altwicker war stellvertretender Lagerkommandant. Der Beschuldigte Paul Schmidt hatte neben kleineren Aufgaben im Lager insbesondere den Einkauf von Lebensmitteln. Wieder andere Wachmannschaften hatten die Aufsicht über die Säle, in denen die Häftlinge untergebracht waren, und Innendienst, so z. B die Beschuldigten Hintz und Weischet.

Als im Jahre 1934 gerüchtweise in der Öffentlichkeit laut wurde, daß im Lager „Kemna" erhebliche Mißhandlungen von Häftlingen vorgekommen waren, wurde von der Staatsanwaltschaft Wuppertal ein Ermittlungsverfahren eingeleitet. Diese Gerüchte hatten jedoch gleichzeitig auch dazu geführt, daß sich gewisse Parteidienststellen mit den Vorgängen im Lager „Kemna" befaßten. So kam es, daß der damalige stellvertretende Polizeipräsident Veller, die Beschuldigten Hilgers und Wolff, sowie vier weitere SA.-Angehörige in gehobenen Posten, durch eine einstweilige Verfügung des Stellvertreters des Führers vom 18. 8. 1934 aus der Partei ausgestoßen wurden wegen der Beschuldigung, in den Jahren 1933 - 34 als Führer der SA., Mißhandlungen schwerster Art an Schutzhäftlingen im Lager „Kemna" und anderwärts geduldet bzw. sich daran beteiligt zu haben. Sämtliche durch die einstweilige Verfügung Betroffenen erhoben Einspruch beim Obersten Parteigericht. Für die daraufhin angestellten Ermittlungen wurden dem Obersten Parteigericht auf Anweisung des Reichsministers der Justiz auch die Ermittlungsakten der Staatsanwaltschaft zur Verfügung gestellt. In einer Hauptverhandlung vor dem Obersten Parteigericht in München am 19. - 20. 2. 1935 kamen die Verhältnisse im Lager „Kemna" zur Sprache. Die Ermittlungen der Staatsanwaltschaft wurden damit abgetan, „daß", wie es in dem Beschluß des Obersten Parteigerichts vom 1. 4. 1935 heißt, „sie nicht als Grundlage einer gerechten Beurteilung dienen könne, da es sich um völlig übertriebene und zum Teil auch unglaubwürdige Aussagen von Personen, die in irgendeiner Form zum Lager Beziehungen hatten oder nur gelegentlich bei einer Besichtigung Einblick in die Verhältnisse bekommen haben wollten. So wurden u. a. vernommen die Beschuldigten Cappel, Kleinbeck, Altwicker, Grafe, Hoffinger, Maikranz, Paul Schmidt, Weischet und Eckermann „sämtlich ältere Parteigenossen" die, wie der Beschluß ausführt, als Zeugen erklärt haben, „sadistische Mißhandlungen seien seitens der Wachmannschaft nicht vorgekommen, wohl seien die Gefangenen wenn nötig grob angefaßt und jeder Widerstand rücksichtslos gebrochen worden. . . . . es könne zwar nicht behauptet werden, daß Mißhandlungen ausgeschlossen waren, da die kleine Wache von 8 Mann auf den ganzen großen Komplex verteilt war, dem Wachhabenden also nicht möglich war, alles zu übersehen." Als Ergebnis der Beweisaufnahme wurde die Feststellung getroffen, daß „in einzelnen Fällen über das zur Brechung von Widerstand notwendige Maß hinausgegangen worden sei, wie es in der Hauptsache in dem Fall der Radevormwalder Gefangenen geschehen sei. . . . Die Angeschuldigten haben damit gegen den vom Führer gegebenen Befehl, daß der nationalsozialistische Staat seine Gegner wohl unschädlich zu machen weiß, darüberhinaus aber auf jede Rache verzichtet, verstoßen und der Bewegung einen sehr schlechten Dienst geleistet. Sie haben daher an sich den Ausschluß verwirkt. Mit Rücksicht auf die außerordentlichen Verhältnisse des Jahres 1933, auf den guten Glauben der Angeschuldigten im Interesse von Partei und Staat zu handeln und auf die Verdienste der Angeschuldigten um die Bewegung, will das Oberste Parteigericht Gnade vor Recht ergehen lassen und hat daher den Ausschluß in eine Verwarnung . . . . umgewandelt." Dem Beschuldigten Wolff wurde weiterhin die Fähigkeit zur Bekleidung eines Parteiamtes bis 1. 4. 1936 aberkannt, weil er sich „an polizeilichen Vernehmungen der Gefangenen aktiv beteiligt hat, bei denen einzelne schwere Mißhandlungen vorgekommen sind . . . . die in manchen Fällen über das zur Brechung des Widerstandes erforderliche Maß hinausgegangen sind."

Obwohl in dem damaligen Ermittlungsverfahren der Staatsanwaltschaft im wesentlichen bereits die jetzt festgestellte Art der einzelnen Mißhandlungen von Zeugen bestätigt worden war, wurde das Verfahren durch Erlaß des Führers und Reichskanzlers Adolf Hitler vom 20. Februar 1936 niedergeschlagen.

Ganz allgemein ist vorweg zu sagen, daß etwa 4500 Schutzhaftgefangene durch das Lager „Kemna" gegangen sind und daß eine sehr große Anzahl dieser Schutzhaftgefangenen mehr oder weniger erhebliche Mißhandlungen ausgesetzt gewesen ist. Es ist davon abgesehen worden, leichtere Fälle von Körperverletzungen dem Gericht zur Entscheidung zu unterbreiten, denn es war im Lager an der Tagesordnung, daß die Gefangenen ohne Grund oder aber auch bei nichtigen Gründen Ohrfeigen und Fußtritte erhielten, mit Gewehrkolben gestoßen und auch mal mit dem Gummiknüppel oder sonstigen Schlagwerkzeugen geschlagen wurden. Viele Zeugen, die derartige Erlebnisse gehabt haben, haben erklärt, keinen Wert auf die Verfolgung derartiger Kleinigkeiten angesichts der übrigen Mißhandlungen übelster Art zu legen. Fast alle Zeugen bekunden übereinstimmend, daß sie zeitweilig fast jede Nacht das Schreien der Mißhandelten gehört haben und daß derjenige, der diese Qualen nicht selbst miterlebt habe, sich kein Bild von dem wirklichen Geschehen machen könne.

Die Aussagen der mißhandelten Zeugen gehen dahin, daß sie größtenteils erheblich verprügelt worden sind und zwar mit Gummiknüppeln, Ochsenziemern, Reitpeitschen, Stöcken, Kabelenden, Koppelriemen und sonstigen Gegenständen. Die meisten mußten sich über eine besondere Prügelbank legen oder wurden darüber gezwungen, wobei ihnen der Mund mit Papier, Lumpen oder Tüchern, die zum Teil mit Petroleum oder sonstigem Unrat getränkt waren, zugehalten wurde, um sie am Schreien zu hindern. Diese Prügelaktionen wurden meistens von mehreren Wachmannschaften gemeinsam ausgeführt und zwar oft in der Art, daß einige den Gefangenen an Kopf, Armen oder Beinen festhaletn mußten und andere auf ihn einschlugen. Viele Gefangene sind in dieser Weise wiederholt verprügelt worden, manche auch auf den entblößten Körper. Sehr häufig stellten sich infolge der Mißhandlungen Ohnmachten ein. Die durch die Prügel hervorgerufenen Verletzungen waren zum Teil derart erheblich, daß sie längere Krankenhausbehandlung erforderlich machten. Die Mehrzahl der mißhandelten Gefangenen ist jedoch im Lager verblieben, wo sie von den Lagerärzten und den Sanitätern behandelt worden sind, soweit nicht der Beschuldigte Hilgers als Lagerkommandant oder andere Beschuldigte die Behandlung ausdrücklich unterbunden haben. Der damalige Lagerarzt Dr. Junghaus hat bei seiner Vernehmung im Jahre 1934 erklärt, daß er angesichts der ihm vorgezeigten bereits brandig gewordenen

Wunden von zwei Mißhandelten nur mit dem Kopf habe schütteln können. Viele Zeugen bekunden, daß durch die wahllos auf den Körper ausgeführten Schläge besonders die Nierengegend in Mitleidenschaft gezogen und ihr Urin lange Zeit blutig gewesen sei. Vielfach sind die Gefangenen nach der Mißhandlung zunächst — teilweise oft tagelang eingesperrt worden, so daß ihre Verletzungen nicht ordnungsgemäß behandelt werden konnten.

Zum Einsperren diente entweder ein kleiner dunkler Verschlag unter der Treppe, ein Lastenaufzug, in dem eine Person weder gerade stehen noch ausgestreckt liegen konnte, oder ein als Bunker bezeichneter kleiner Raum von etwa 30 qm Größe (vergl. Lichtbilder). In diesem letzten Raum haben zeitweise bis zu ungefähr 50 Personen längere Zeit zubringen müssen. In dem Verschlag unter der Treppe, einem kleinen abgeschrägten Raum unter einem Treppenaufgang, haben Gefangene bis zu einer Woche teilweise ohne ausreichende Verpflegung zubringen müssen. Ein Kriegsbeschädigter des ersten Weltkrieges, Witte, wurde hier sogar 6 Wochen lang eingesperrt. Im Aufzugkasten brachte man gleichzeitig bis zu 7 Häftlinge unter.

In vielen Fällen wurden den Gefangenen, insbesondere auch den Eingesperrten, sogenannte „Appetithäppchen" verabreicht. Hierbei handelte es sich um ungewässerte und ungereinigte Salzheringe aus dem Faß, die mit erheblichen Mengen Salz bestreut und teilweise auch mit Staufferfett, Petroleum oder Kot besonders beschmiert waren. Zum Essen derartiger Heringe und zwar oft mehrerer hintereinander wurden die Gefangenen gegebenenfalls durch Verprügeln mit verschiedenen Gegenständen gezwungen. In einigen Fällen mußten die Gefangenen, wenn sie sich erbrochen hatten, das Erbrochene wieder zu sich nehmen. Vielen Gefangenen ist angesichts des durch den starken Salzgenuß hervorgerufenen quälenden Durstes, Flüssigkeit zum Trinken, verweigert worden, so daß sie in einigen Fällen in ihrer Verzweiflung ihren eigenen Urin getrunken haben. In einem Falle hat man einem Gefangenen statt Wasser Petroleum zu trinken gegeben. In anderen Fällen hat man sie mit Eimern voll Wasser beschüttet, so daß die Gefangenen in ihrer Verzweiflung das Wasser vom Boden aufgeleckt haben.

Verschiedene Gefangene hat man nach der Verabreichung derartiger „Appetithäppchen" in ein Kleiderspind, wie sie in den Fabriken für die Aufbewahrung von Kleidungsstücken der Arbeiter benutzt werden, hineingezwungen und zwar notfalls mit Fußtritten, Boxhieben und Kolbenstößen. Sie haben in diesen Spinden, da sie weder aufrecht stehen noch sitzen konnten, in zusammengekauerter Stellung oft mehrere Stunden zubringen müssen. Einzelnen Gefangenen wurde noch Zigarettenqualm durch die Luftlöcher zugeblasen. Ein Zeuge bekundet, daß das Spind, in dem er sich befunden habe, mehrmals umgeworfen worden sei.

Einige Zeugen sagen aus, daß man ihnen brennende Zigarren und Zigaretten an den Lippen und auf der Nase ausgedrückt hat.

Vielfach sind auch Gefangene gezwungen worden, mit frischen Verletzungen in der an dem Lager vorbeifließenden Wupper zu baden. Andere Gefangene bekunden, daß sie mit voller Kleidung, zum Teil in erhitztem Zustand in die Wupper gejagt worden sind und nachher die nassen Kleider anhalten mußten. Dieses Baden in der Wupper hat noch im Oktober und November stattgefunden, als es bereits so kalt war, daß sich Eisränder an den Ufern gebildet hatten. Schwere Erkältungen und auch Lungenentzündungen waren die Folge.

Ein Schutzhaftgefangener aus Radevormwald, Karl Erlemann, ist im Lager derart mißhandelt worden, daß sich als Folge der Mißhandlungen eine Geisteskrankheit eingestellt hat und Erlemann etwa 2 Wochen nach seiner Entlassung aus dem Lager in einer Irrenanstalt an den Folgen der Mißhandlungen verstorben ist.

Die Mißhandlungen haben sich, wie aus den Aussagen der Zeugen zu entnehmen ist, fast ausschließlich während der Zeit zugetragen, wo der Beschuldigte Hilgers Kommandant des Lagers gewesen ist. Viele Zeugen bekunden, daß sich mit der Ablösung des Beschuldigten Hilgers und dem Dienstantritt des neuen Kommandanten Wolters die Zustände im Lager schlagartig gebessert haben.

Im Laufe der Ermittlungen ist weiterhin wiederholt zur Sprache gekommen, daß man den Gefangenen Geldbeträge, Wertsachen und Kleidungsstücke, die sie bei der Einlieferung bei sich hatten oder die ihnen später in Paketen geschickt worden sind, abgenommen und bei der Entlassung nicht zurückgegeben hat. Den Empfang von Geldern, die durch die Post überwiesen wurden, haben sie quittieren müssen, ohne daß ihnen das Geld ausgehändigt worden ist. Die Zeugen bekunden: ihnen sei gesagt worden, das Geld flösse in eine Gemeinschaftskasse, aus der Auslagen für die Gefangenen wie z.B. Briefporto bestritten würden. Dabei mag erwähnt werden, daß die Gefangenen überhaupt nicht schreiben durften. Nach den Feststellungen ist bei Auflösung des Lagers ein größerer Geldbetrag unter die Angehörigen der Wachmannschaft verteilt worden.

Schließlich sei noch erwähnt, daß alle Gefangenen bei ihrer Entlassung sich schriftlich verpflichten mußten, über ihre Beobachtungen im Lager strengstes Stillschweigen zu bewahren.

Der noch in russischer Kriegsgefangenschaft befindliche Angehörige der Wachmannschaft Bergfeld hat bei seiner Vernehmung im Jahre 1934 angegeben, daß auch der Lagermannschaft durch den Beschuldigten Hilgers die Verpflichtung zu strengstem Stillschweigen auferlegt worden sei.

Von den im Laufe der Ermittlungen zur Sprache gekommenen Fällen von Mißhandlungen sind nachstehend nur diejenigen aufgeführt, in denen die Täter oder wenigstens einzelne von ihnen namentlich festgestellt werden konnten.

Es handelt sich im einzelnen um folgende Vorfälle:
Es folgt nun die Aufzählung von 189 Einzelfällen von Mißhandlungen, wie sie sich aus den Beweiserhebungen ergeben haben.

XXI.

Das Bild eines verworfenen Menschen.

Bei der Untersuchung und Betrachtung der einzelnen Angeklagten enthüllten sich erschütternde Bilder menschlicher Verworfenheit. Wir wollen nur an einem Beispiel die abgrundtiefe Verlorenheit der Kemna-Schergen zur Darstellung bringen. Ohne persönliche Leidenschaftlichkeit wollen wir dabei den Wortlaut der Urteilsbegründung wirken lassen.

Die folgende Charakteristik des Angeklagten Paul Schmidt ist buchstäblich dem gerichtlichen Urteil entnommen.

Hier spricht nur die nüchterne, sachliche, leidenschaftslose Stimme des Fach-Juristen:

Die Tatsache, daß der Angeklagte Schmidt in 90 von den erörterten 220 Fällen, von denen eine Reihe ausgeschieden ist, weil sie nicht aufgeklärt werden konnten, belastet ist, rechtfertigt an sich schon den Schluß, daß er aus Lust und Liebe systematisch auf die Schutzhäftlinge einprügelte, sie folterte und quälte. Das ergibt sich aber noch aus folgendem: Wie der Zeuge Erich Thieler eidlich und glaubwürdig bekundet hat, kam der Angeklagte Schmidt eines Tages in den Häftlingssaal und fragte: „Wo ist dieser sonderbare Remscheider, der die Autos hat?" Er meinte damit den Karl von den Ficken, in dessen Garage er gestürzt war. Schmidt ging damals noch infolge dieses Sturzes an einem Stock. Als keiner sich meldete, ging er durch die Reihen der Schutzhäftlinge und machte dabei die Bemerkung: „Finde ich auch nur so einen ähnlichen, so bekommt der die Schläge". Neben dem Zeugen Thieler lag damals ein junger Mann, den Schmidt herausgriff mit der Bemerkung: „Komm, dann bekommst du sie dafür." Der junge Mann kam nach einiger Zeit zurück, sein ganzer Körper war mit Blut und Kot besudelt. Thieler hat diesen jungen Mann noch abgewaschen.

Noch eine weitere charakteristische Feststellung sei hier hervorgehoben: Schmidt ging eines Tages mit einem kleinen Kind an der Hand über den Hof und kam an der Hundehütte vorbei, in welcher, wie bereits vorstehend erwähnt, der Schutzhäftling Roth hineingeprügelt worden war. Plötzlich blieb das Kind stehen, zeigte auf die Hundehütte und fragte den Angeklagten Schmidt, was in der Hütte sei. Als es näher zusah, meinte es, da liege ja kein Hund sondern ein Mensch drin. Darauf kam die Erwiderung des Angeklagten Schmidt, „das sei doch ein Hund, nämlich ein Schweinehund."

Wenn alle diese Fälle noch nicht ausreichen sollten, um den moralischen Tiefstand und die Verkommenheit des Angeklagten Schmidt darzutun, dann zeigt es der nachfolgende Fall allein schon. Der Zeuge Karl Plöger bekundet eidlich und glaubwürdig, daß der Angeklagte Schmidt als Beauftragter des Lagers Kemna zu der Firma Caspar Blume, in welcher der Zeuge tätig war, kam, um dort eine Waschmaschine zu kaufen. Es wurden ihm einige Maschinen vorgeführt, er aber meinte in Wuppertaler Platt, eine derartig leichtgehende Maschine dürfe er nicht ins Lager bringen, er mache sich ja lächerlich, es müsse eine Maschine sein, die „derartig schwer ginge, daß dem Häftling, der sie drehen müsse, sofort bei der ersten Umdrehung die Zunge aus dem Halse heraushinge." Der Angeklagte Schmidt versucht seine Äußerung mit dem Einwand abzuschwächen, er habe doch damals keine Waschmaschine kaufen können, die für 3-4 Personen ausreichend gewesen wäre. Wie seine Äußerung aber aufzufassen ist, ist zweifelsfrei. Und der Zeuge Plöger gibt die allein richtige Auffassung wieder, wenn er ausdrücklich hervorhebt, daß ihn die Bemerkung Schmidts sehr unangenehm berührt habe. Tatsächlich zeigt die Äußerung die wahre Gesinnung eines Menschenschinders, wie ihn auch die Beweisaufnahme gezeigt hat. Hinzu kommt noch, daß er auch bei seinen Fahrten sich Lieferanten gegenüber mit seinen „Heldentaten" in der Kemna brüstete.

Der Angeklagte Schmidt hat, wie bereits dargetan, behauptet, er sei das Opfer eines Komplotts. Diese Behauptung ist durch die Beweisaufnahme restlos widerlegt. Es sei nochmals betont, daß das Gericht in jedem Einzelfall eingehend geprüft hat, ob die Möglichkeit eines derartigen Komplotts vorliegt. Danach ist diese Frage ohne jede Einschränkung zu verneinen.

Aus den in den einzelnen Fällen getroffenen Feststellungen sind nur diejenigen Fälle nochmals hervorgehoben, die besonders schwer und charakteristisch für die Einstellung des Angeklagten Schmidt sind. Der Vollständigkeit halber muß deshalb auf diese Feststellungen selbst verwiesen werden. Die hervorgehobenen Einzelfälle allein schon zeigen den Angeklagten Schmidt als einen Menschen ohne jedes Gefühl und von einer geradezu erschreckenden Gesinnungslosigkeit und abgrundtiefen Gemeinheit.

Ihm genügen nicht allein die fürchterlichsten körperlichen Mißhandlungen, die er und seine Mitangeklagten an den Häftlingen verübten, er muß sie noch mit seelischen Folterungen begleiten, in denen er ein Meister ist.

Er hat während der ganzen Hauptverhandlung keine aufrichtige Reue gezeigt, denn das Wort allein ist keine Reue. Erklärte er, ein Geständnis ablegen zu wollen, so bestand dieses in nichts anderem als in der Erklärung, er habe sich wohl „schon mal" an einem Häftling vergriffen, ausgesprochene Mißhandlungen habe er aber weder vorgenommen noch erlebt. Zum Schluß hat er dann 2 — zwei — Fälle zugegeben, in welchen er Schutzhäftlinge in einen Spind gezwängt oder ihnen Heringe gegeben habe. In Wirklichkeit aber ist der Angeklagte Schmidt als ausgesprochener Menschenschinder festgestellt, der die Schutzhäftlinge an Körper und Seele zerschlagen, zerfleischt hat. Zerschlagene Körper und der Tod des Schutzhäftlings Karl Erlemann sind die Folgen seiner Taten bzw. Mittäterschaft. Wenn darauf hingewiesen wird, daß der Angeklagte Schmidt sich nach 1934 straf- und einwandfrei geführt, seine Dienstobliegenheiten pflichtgemäß erfüllt hat, so kann ihn das nicht entlasten. Pflichterfüllung ist für jeden eine Selbstverständlichkeit. Unmenschliches Tun kann aber nur durch wahre Reue, die Menschlichkeit erkennen läßt, in milderem Licht erscheinen. Von solcher Reue aber ist nichts zu erkennen. Nicht einmal die Ehrlichkeit hat er aufgebracht, sich zu seinen Taten zu bekennen. Wer Untaten, die er festgestelltermaßen begangen hat, nicht einmal zugibt, darf nicht von Reue sprechen. Nichts spricht dafür, daß er sich in seiner Gesinnung gewandelt hat. Daß er nach 1933 derartige Untaten nicht mehr beging, ist allein darauf zurückzuführen, daß er hierzu nicht mehr in der Lage war. Die Auflösung des Lagers Kemna ist nicht sein Verdienst, in das einzutreten gerade ihn die wirtschaftlichen Verhältnisse nicht zwangen. Er war selbständiger Schuhmacher, der nach der Bekundung des Zeugen Studienrat Dr. Meinck bis 1933 seine Kunden ordentlich bediente. Trat er trotzdem in die Kemna ein, so zeigt er, daß er dieses Dasein erlicher Arbeit vorzog, und, wie die Folge beweist, die Kemna als Sprungbrett für eine Beamtenstellung ansah. Er war nichts anderes wie der Nutznießer seiner Parteipolitik, der es aber dennoch wagt, von „Weltanschauung" und „Idealismus" zu sprechen. Daß er sich nicht auf einen Befehl berufen kann, ergibt sich bereits aus dem Gesetz. Daß dieser Befehl aber auch nicht vorlag und bei seiner erwiesenen Einstellung auch nicht erforderlich war, ergibt sich aus seinem Verhalten. Wer wie er, in solch' bestialischer, erschreckend gemeiner, höhnischkalter Weise und in diesem Ausmaß handelt, der bedarf wahrlich keines Befehls. Aus reiner Lust am Prügeln und mit einer nicht zu überbietenden Gemeinheit hat er politische Opfer zerschlagen und zerfleischt. Er ist, wie er selbst wiederholt geäußert hat, „ein Biest", aber kein Mensch. Für einen solchen Mann gibt es an sich nur eine gerechte Sühne, die Todesstrafe. Wenn das Gericht von der Verhängung dieser Strafe absieht, so nur aus dem Grunde, weil der Angeklagte Schmidt so wüten konnte, weil der Lagerkommandant Hilgers ihm ein Vorbild und Meister war. Hätte der Angeklagte Hilgers nur in etwa seine Pflicht getan und die Bestie Schmidt in Fesseln gehalten, und wäre er ihm nicht Vorbild und Meister gewesen, konnte die Bestie sich nicht so austoben, wie sie es tat. Der Angeklagte Schmidt war der nur allzu gelehrige Schüler dieses Meisters. Unter Berücksichtigung dieser Tatsache glaubte das Gericht von der Todesstrafe absehen zu können. Die einzig ausreichende und angemessene Sühne war aber eine Zuchthausstrafe auf Lebenszeit. Bei der entzetzlichen Roheit und in Anbetracht der gemeinen Gesinnung des Angeklagten Schmidt war gleichzeitig auf Aberkennung der bürgerlichen Ehrenrechte auf Lebenszeit zu erkennen.

XXII.

Das Urteil.

Nach über 2 monatiger angestrengtester Verhandlungsarbeit ging der große Prozeß im Mai 1948 seinem Ende entgegen. Am 4. und 5. Mai hielt der Staatsanwalt Winckler seine mit Spannung erwartete Anklagerede. In seinem großartigen, zwei volle Verhandlungstage ausfüllenden Plädoyer ging er noch mal in zusammenfassenderweise auf alle Vorkommnisse in der Kemna ein.

Wir entnehmen dem Plädoyer nur die einführenden Worte, durch deren Inhalt klar und deutlich, juristisch scharf aber doch menschlich großzügig die Linie aufgezeigt wurde, wonach der Prozeß durchgeführt wurde.

Hohes Gericht! Meine Harren!

Was ist Wahrheit?

„Diese Frage habe ich bei meiner ersten Erklärung zu Beginn des Prozesses gestellt und habe gesagt, daß wir uns im Ermittlungsverfahren die größte Mühe gegeben haben, mit den unzulänglichen Mitteln, die uns zur Verfügung standen, die Wahrheit zu erforschen. Diese Frage war mit brennenden Lettern über diesen Prozeß geschrieben, weil die Vorgänge so lange Jahre zurückliegen. Das Gericht hat sich mit großer Geduld und Langmut der Aufgabe unterzogen, hier die Wahrheit zu erforschen. Es ist auch der Verteidigung zu danken, daß sie in sehr objektiver Weise sich für diese schwierige Aufgabe zur Verfügung gestellt hat. Sie hat eine schwere und undankbare Aufgabe übernommen. Aber man darf eines nicht vergessen, die Angeklagten haben Anspruch auf Verteidigung, weil ihnen ganz schwere Verbrechen zur Last liegen. Und wenn ein Zeuge einem Verteidiger zugerufen hat „ich verstehe nicht, daß sich für solche Menschen noch eine Verteidigung findet", so muß man feststellen, daß die Verteidigung eine Notwendigkeit war und daß die Verteidiger von Amtswegen beigeordnet sind. Die Grundlage zur Erforschung der Wahrheit aber beruht auf den Aussagen der Zeugen, denn die Angeklagten haben sehr wenig dazugetan und die Geständnisse sind mehr als mager. Ich glaube, das wird jeder sagen können, daß die Zeugen sich die allergrößte Mühe gegeben haben, nach bestem Wissen und Gewissen die Vergangenheit hier dem Gericht zu offenbaren. Ich glaube auch, daß mit ganz wenigen Ausnahmen keiner daran zweifeln wird, daß einer dieser Zeugen auch nur unglaubwürdig sei. Es ist auch nicht verwunderlich, daß der eine oder andere Zeuge in furchtbarer innerer Erregung je nach seinem Temperament mal aus der Haut gefahren ist. Ich glaube nicht, daß das die Glaubwürdigkeit beeinträchtigen kann. Ich kann nur sagen, daß das, was Jung einmal gesagt hat, von allen Zeugen beherzigt worden ist. „Es ist genügend Unrecht geschehen, wir wollen nicht neues Unrecht heraufbeschwören. Lieber die Zunge abgehackt, als ein Wort zuviel gesagt."

Am Ende seines Plädoyers forderte der Staatsanwalt die Todesstrafe für Hilgers, Schmidt, Bläsing, Weischet und Maikranz als einzige gerechte Sühne für die von diesen begangenen Verbrechen.

Nachdem auch Staatsanwalt Heinzel und die Verteidiger gesprochen hatten und den Angeklagten Gelegenheit zu ihrem Schlußwort gegeben worden war, konnte die 5. Strafkammer zu ihrer entscheidenden Sitzung zusammentreten und am 15. Mai das Urteil verkünden.

Am 15. Mai herrschte Hochbetrieb vor dem Sitzungssaal der 5. Strafkammer des Wuppertaler Landgerichts. Viele versuchten vergeblich Einlaß zu erhalten. Der Saal war überfüllt. Hunderte mußten von einem starken Polizeiaufgebot abgedrängt werden. Der Saal war Kopf an Kopf gefüllt; die Presse war zahlreich erschienen. Oberbürgermeister Robert Daum, Stadtdirektor Bamberger und Polizeichef Fritz Schulte waren von der Stadtverwaltung anwesend. Der greise Sozialistenveteran Oskar Hoffmann erhielt einen Ehrenplatz.

Unter größter Spannung trat das Hohe Gericht ein. Landgerichtsdirektor Dr. Heineberg verlas das Urteil:

Die 5. Strafkammer des Landgerichts Wuppertal hat in ihren Sitzungen, an denen teilgenommen haben:

Landgerichtsdirektor Dr. Heineberg, als Vorsitzender,
Landgerichtsrat Greef,
Landgerichtsrat Krüsemann, als beisitzender Richter,
Staatsanwalt Winckler,
Staatsanwalt Heinzel, als Beamter der Staatsanwaltschaft
Justizangestellter Hartnack, als Urkundsbeamter der Geschäftsstelle
für Recht erkannt:

Wegen Verbrechens gegen die Menschlichkeit werden verurteilt:

Der Angeklagte Hilgers zum Tode,

die Angeklagten Schmidt, Bläsing, Maikranz und Weischet zu lebenslänglichem Zuchthaus,

der Angeklagte Hoffinger zu 15 Jahren Zuchthaus,
der Angeklagte Weber zu 15 Jahren Zuchthaus,
der Angeklagte Altwicker zu 10 Jahren Zuchthaus,
der Angeklagte Hintz zu 8 Jahren Zuchthaus,
der Angeklagte Hans Kleinbeck zu 6 Jahren Zuchthaus,
der Angeklagte Grafe zu 4 Jahren Zuchthaus,
der Angeklagte Engemann zu 2 Jahren, 6 Monaten Gefängnis,
der Angeklagte Hülshoff zu 2 Jahren Gefängnis,
der Angeklagte Kurt Kleinbeck zu 1 Jahr, 10 Monaten Gefängnis,
der Angeklagte Ockel zu 1 Jahr, 9 Monaten Gefängnis,
der Angeklagte Tracht zu 1 Jahr Gefängnis,
der Angeklagte Römer zu 1 Jahr Gefängnis.
Die Angeklagten Cappel, Liebergall, Behrend, Eckermann, Göbel. Hedtmann, Hoviele und Wormstall werden freigesprochen.

Die bürgerlichen Ehrenrechte werden aberkannt:
Den Angeklagten Hilgers, Schmidt, Bläsing, Maikranz und Weischet auf Lebenszeit.
Dem Angeklagten Hoffinger auf die Dauer von 5 Jahren,
dem Angeklagten Weber auf die Dauer von 5 Jahren,
dem Angeklagten Altwicker auf die Dauer von 3 Jahren,
dem Angeklagten Hans Kleinbeck auf die Dauer von 2 Jahren.

In der ausführlichen Urteilsbegründung machte Landgerichtsdirektor Dr. Heineberg bemerkenswerte Ausführungen, wovon hier einige wichtige Abschnitte Aufnahme finden sollen:

Erschüttert, aufgewühlt bis in sein Innerstes, hilflos zunächst steht der Mensch vor diesem Ergebnis der Beweisaufnahme, das nüchtern kalt in 220 Fällen niedergeschrieben ist. Und die bange Frage drängt sich ihm auf: Wieviel solcher „Kemnaschicksale" mögen in Wirklichkeit unter den 4000 bis 5000 Häftlingen, wieviel Opfer es tatsächlich sein? Aber das Geschaute, im Geiste Miterlebte ist so grausig, so schaurig und so nervenfressend, daß der Wunsch, der menschlich allzu verständliche Wunsch vorherrscht, den wahren Umfang der Auswirkungen dieser Hölle nie wissen, nie feststellen zu müssen. Beklagenswert sind die Opfer; sie haben ein Recht auf Sühne. Aber soll, kann es noch eine Steigerung dieses Grausigen, Unheimlichen geben? Noch Grausigeres wie es die Beweisaufnahme zutage förderte? Bei der Erörterung des Falles Minz (Nr. 4) glaubte das Gericht, daß hier das Grausigste, Unheimlichste geschehen sei, daß keine Steigerung mehr möglich sei. Mit dem Fortschreiten der Beweisaufnahme aber mußte es sich davon überzeugen, daß Grausigeres, Gemeineres, Unheimlicheres in der Kemna geschah. Mögen auch die Einzelfälle sich vervielfältigen, eine Zusammenfassung der Beweisaufnahme, ihre abschließende Würdigung ergab aber ein Gesamtbild, welches in seinem Fürchterlichen nicht überboten werden kann. Und so darf — vielleicht schon aus Mitleid mit dem menschlichen Empfinden — die gestellte Frage manchem unbeantwortet bleiben.

Die Philosophie unserer großen Denker, die Lebensweisheit unserer großen Dichter versagt, muß versagen, würde versucht, mit ihrer Hilfe den Schlüssel für das Tun dieser Angeklagten zu suchen. Denn unvorstellbar für jedermann war bis dahin auch nur die Möglichkeit eines solchen Tuns, so abgrundtief gemein, so entsetzlich roh ist es.

Von Seiten des Verteidigers eines der Angeklagten wurde eingewandt, es sei in der Kemna doch kein „Mord" geschehen. Ein Mord im Sinne des Gesetzes ist nicht geschehen, nach dem

Begriff der Moral aber schlimmeres. Der Mörder zeigt noch ein gewisses Erbarmen, indem er sein Opfer schnell tötet. Der Sadist, der mordet, macht eine Ausnahme. Aber auch er zerfleischt sein Opfer nicht, verhöhnt und quält es nicht und mordet vor allem die Seele nicht. Alles das aber taten die Kemna-Wächter, an ihrer Spitze der Kommandant, der Angeklagte Hilgers. Wer einen lebenden Menschen an Leib und Seele zerschlägt, zerfleischt, der ist niedriger als der Mörder.

Daß die in den vorstehenden Fällen belasteten Angeklagten unmenschlich gehandelt haben, bedarf keiner weiteren Ausführung. Der Begriff der Menschlichkeit ist ein Feststehender und muß es bleiben, wenn das Leben noch einen Sinn haben soll. Oberster Grundsatz hat die Achtung vor dem Mitmenschen und vor allem der Menschenwürde zu sein, die von den belasteten Angeklagten in einer Weise geschändet worden ist, die Erschrecken, Schaudern und Entsetzen erregt. Zu diesen Gefühlen des Schauderns, Entsetzens und Schreckens kommt für denjenigen, der dem Gang der Verhandlung gefolgt ist, noch ein weiteres Gefühl, von welchem der Richter sich zu Gunsten der Angeklagten frei halten und bewahren muß: das Gefühl des Ekels. Auch der Richter ist nur ein Mensch, er soll es sein und bleiben, darum ist es ihm in einer solchen Hauptverhandlung nicht leicht gemacht worden, sich von diesem Atemwürgenden frei zu halten. In Superlativen zu sprechen. sollte vermieden werden, ist aber hier nicht zu vermeiden, denn die Taten der Angeklagten sind, wie eingangs bereits dargetan und festgestellt, einfach unvorstellbar.

Eine andere Frage für manchen noch quälender als die erste, ist die: wie konnte, wie dürfte die Außenwelt zu dieser Hölle schweigen?

Wie es in ihr zuging, wußten — wenn auch nicht in vollem Umfange Außenstehende, so der Wirt Neuser und — wie sie selbst vortragen — einige der Verteidiger. Polizeibeamte, welche nicht zu der vertierten Gestapo gehörten, wußten es. Sie aber schwiegen aus einer vielleicht menschlich verständlichen Furcht um Stellung und Brot. Es wußten aber auch Ärzte und Geistliche von diesen Zuständen. Auch sie schwiegen. Was aber konnte sie zu diesem Schweigen veranlassen? Durften sie denn schweigen, sie, die zur Betreuung von Körper und Seele des Menschen berufen waren und sind? Papierene Proteste, wie sie wohl geschehen sind, genügten nicht, mit ihnen war die Pflicht dieser Mitwisser gegenüber der Allgemeinheit nicht erfüllt. Wo aber Feigheit der Grund für die Unterlassung einer moralischen, mehr noch als einer beruflichen Pflichterfüllung ist, macht sich der Feige zum Mitwisser des Verbrechers. Ihnen mußte der Grundsatz oberstes Gesetz sein: vor dem täglichen Brot stehen Moral und Ehre. Sie haben versagt und mußten sich von den Häftlingen beschämen lassen, die in seltener Aufopferung und wahrer Kameradschaft sich der Zerschlagenen annahmen und unter größter eigener Gefahr ihre Not linderten. Diese Haltung war das einzige Menschliche in der Kemna.

Nachwort

von Erich Werner

Wenn der Leser diese Schrift schließt und einige Minuten stillen Gedenkens jenen Männern widmet, die in konsequenter Bekämpfung der geschilderten Verbrechen „verstarben", erschlagen und hingerichtet wurden, so darf auch der Name des Wuppertaler Arztes Dr. Rappoport nicht fehlen. Er ging seinen Weg als Mensch und Arzt furchtlos und treu, bis zum bitteren Ende.

Als ich vom Lager Kemna in das Krankenhaus eingeliefert wurde, übernahm der SS.-Arzt Dr. Hoffmann mit seinen SS-Pflegern die „Betreuung".

Mit über 40 von der Kemna eingelieferten Kranken waren wir von der Außenwelt völlig isoliert. Dort erfuhren wir bereits, daß es tatsächlich Ärzte — Helfer der leidenden Menschen! — gab, die alle im „Dritten Reich" begangenen Verbrechen deckten und gar förderten.

Als ich im Januar 1934 wieder frei war, suchte ich vertrauensvoll Dr. Rappoport auf. Ich schilderte die an mir begangenen Verbrechen und betonte, daß ich befürchten müßte, wegen Greuelpropaganda erneut festgenommen zu werden. Es war für Dr. Rappoport eine Selbstverständlichkeit, meine Wiederherstellung mit allen ihm zur Verfügung stehenden Mitteln anzustreben. Darüber hinaus richtete er an mich die Aufforderung, alle kranken ehemaligen Kemna-Insassen zu informieren. Dr. Rappoport übernahm ihre ärztliche Behandlung.

Ich hatte damals die Möglichkeit, ihn sicher über die rettende Grenze zu schaffen.

„Nein", lautete aber seine bestimmte Antwort auf mein Angebot: „Ich weiß, wo ich gebraucht werde!"

So hat er bis zu seiner Deportation geholfen und Schmerzen gelindert. Diesen edlen und tapferen Menschen haben die Nazis vergast!

Dr. Rappoport, der als Jude sich der besonderen „Beachtung" der NSDAP. Wuppertals nicht erwehren konnte, hat nicht einen Augenblick gezögert, seine ärztliche und menschliche Aufgabe trotzdem zu erfüllen. Er verkörperte an seinem Platz die wahre Menschlichkeit.

Als ich mich, nach dem Zusammenbruch des Nazi Reiches, mit aller Kraft für die Aufdeckung der Kemna-Verbrechen einsetzte und stets die Forderung vertrat: das empfindlich gestörte Rechtsbewußtsein muß wiederhergestellt werden, da hatte ich eine Hoffnung: Der Kemnaprozeß sollte der heranwachsenden Jugend das ihr unbekannte Deutschland zeigen, sollte sie bekannt machen mit den Männern des Widerstandes!

Möge diese Schrift dazu dienen, daß der Kreis derer groß wird, die mit aller Kraft für das neue und bessere Deutschland wirken und schaffen wollen!

Den Toten zur Ehre, den Lebenden zur Mahnung!